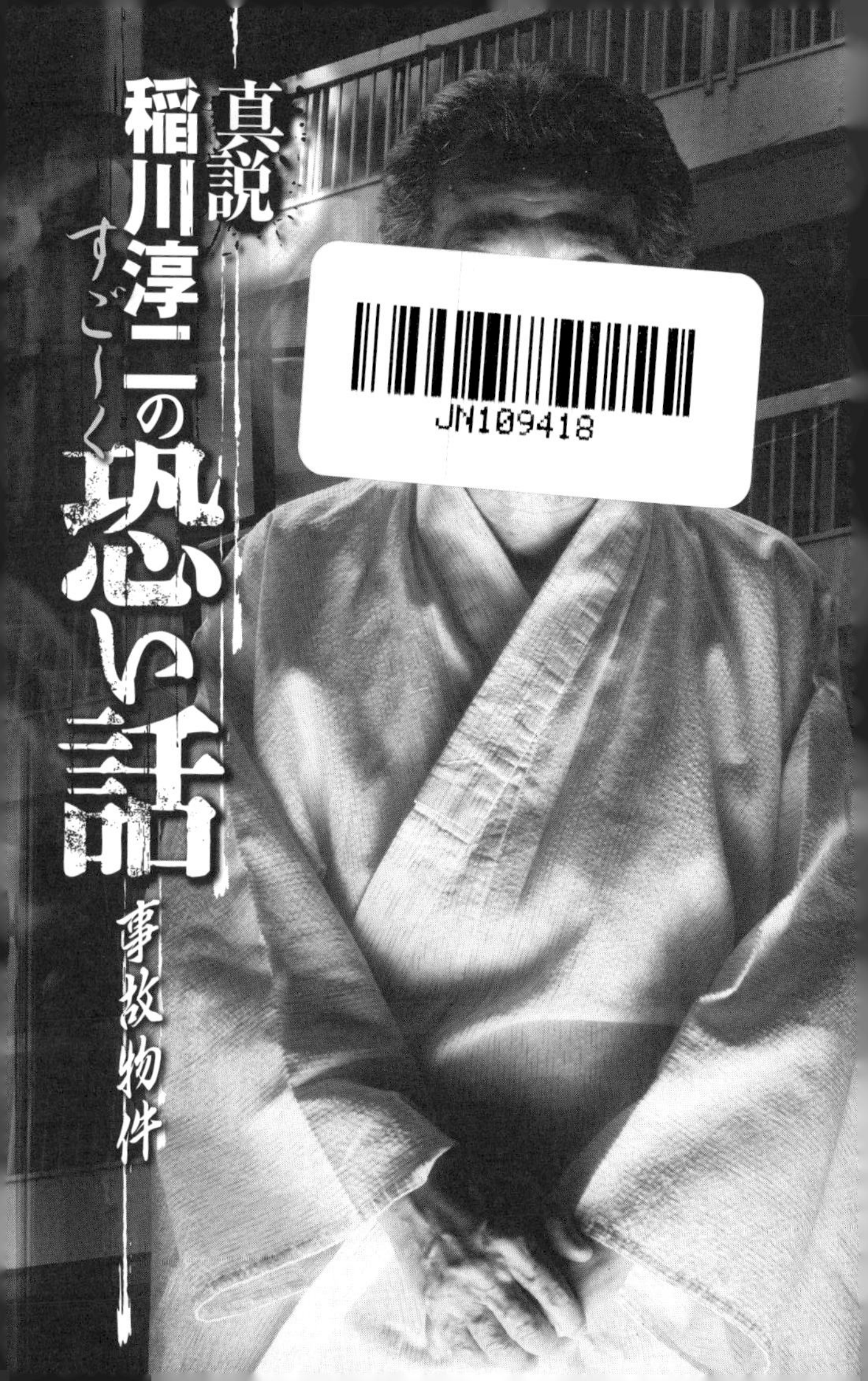

真説
稲川淳二のすご～く恐い話
事故物件

真説 稲川淳二のすご〜く恐い話 事故物件

カバーデザイン／澤田千尋

第一話　留守宅

沼津の人で、造園業を営《いとな》んでいる、仮に政次さんとしておきましょうか。独身で、歳は五十ぐらいになるんですが、大柄でがっちりとした、見掛けはごついんですが、至って穏やかで、真面目で、他人から何か頼まれると、断れない性格ですから、まわりからも好かれているんですね。

この政次さんが、親しくしている地元の寺の住職さんと、私に聞かせてくれた話なんです。

それは、この人が日頃世話になっている高齢の実業家が、体調を崩して、知り合いの経営する東京の病院の特別室にしばらく入院する事になったんですね。で、

「退院したら、伊豆湯河原にある別宅に帰るから、庭の手入れをしておいて欲しい。それに留守にしてるんで家の管理も頼む」

と、鍵を預かった。

その別宅というのは、伊豆の山並を背景にした高台の広い敷地に、日本庭園のある大きな屋敷で、政次さん、もう何度も伺《うかが》っているんですが、実のと

ころ、この実業家の老人が、どういった人物なのか、あまりりよく知らない。

どうやらこの人には、裏の顔があるようなんですね。

銅で葺《ふ》いた立派な屋根のある大きな門には、表札もないし、広い敷地のいたる所に防犯カメラが設置してある。

まあ、これだけの屋敷ですから、用心の上にも用心という事なんでしょうが…

で、政次さん、二トントラックに道具や機材を積み込んでやって来ると、毎度の事で勝手は知ってますから、早速作業に取り掛かったんですね。

天気はいいし、爽やかな風が時折吹き抜けて、野鳥のさえずりを聞きながら、気持のいい汗を流していた。

そのうち、何だかさっきから、誰かに見られているような気がして、手を休めて、辺りを見回してみた。

人の姿は無いし、

（おかしいなァ、防犯カメラがあっちこっちから向いているから、そんな気がするんだろうか？　いや、ここへ来るのは、今日が初めてじゃないし……今迄こんな事感じた事はなかったしなァ…）

で、また仕事を続けてると、

（アレ!?　今、声がしたようだったなァ…）

それも近くで、聞えたような気がした。

（家の中からだろうか？　いや、窓も雨戸もピタッと閉まっていて、鍵が掛かってるし、人がいるとは思えない。

でも、この屋敷の周りには他に家は無いし、そんな遠くから聞えてきたようでもなかった。何かの音が風に乗って運ばれてきたんだろうか？　それとも空耳かな）

と、作業をしていると、

（ん!?）

また何か聞えた。

それが声なのか音なのかはっきりしないんですが、家の中からに聞えたようだったんで、試しに家に向かって、

「ご免くださーい！」

と、声を掛けてみたんですがね。何の応答もない。

（いる訳ないよなァ…）

と、思ったんですが念の為、屋敷の電話番号は知ってますからね。

自分の携帯で掛けてみた。

（鳴ってる。呼び出してる。いれば出るよなァ）

が、誰も出ない。

（いいか…）
と、思ったんですが、根が真面目な人ですから、まあ、屋敷の管理を頼まれて、鍵を預かってる事ですし。
で、玄関に廻って、
「ご免くださーい！　すいませーん！」
ひと声掛けると、預かった鍵を立派な細工の大きな引戸に差し込んで、
ガラガラ　ガラガラガラ
おもむろに開けると、そこは敷石の広い玄関のようになっていて、その先のガラスのはまった格子戸を、
カラカラカラカラ
と開けると、こっちが本当の玄関なんですね。
正面に厚い板敷の上がり框《かまち》があって、そこから闇の奥へと、廊下が伸びているんですが、何しろ家中、締め切ってあって、外光が入らないんで、壁のスイッチを入れると、
（あれ⁉　つかない）
まあ、この真っ暗闇の中に、人がいるとは思えないんですが、もしかしたら、泥棒か空巣狙いが、息を殺して潜んでいるかも知れない。
で、明かりが無くては動けませんから、トラックへ行って、懐中電灯を探

したんですが、見付からない。

あったのは、小さなペンシルライト。

あまり役には立ちそうにないんですが、この際、無いよりはましなんで、それを持って行って玄関で、

「すいません、失礼します」

と、奥に向かってひと声掛けてから、靴を脱いで、家に上がると、ペンシルライトをつけた。

政次さん、この家に上がるのは初めてなんですね。

いつもは、庭で作業をしていて、縁側でお茶を頂く時に、室内をちらっと見る程度ですから、家の中の事は余りよく知らない。

で、小さな明かりを頼りに闇の中を行くと、襖があったんで、スーッと開けた。

これが懐中電灯なら入口にいて、室内に明かりを向ければ済む事なんですが、なにせペンシルライトですから、明かりが届かない。

入って行って、隅の方から照らしてゆくんですが、もしや次の瞬間、闇の中の異様なものでも照らしやしないだろうかと思うと、何だか恐い。

で、異常が無い事を確認してから部屋を出て、また次の襖を開けて、室内を確かめるといった順で、応接間、床の間、寝室に、仏壇と亡くなった奥さ

んと思われる遺影が飾られているところをみると、仏間なんでしょう。
そんな具合にひとつひとつ注意深く丁寧に部屋を見て廻って、全て見終わって、何も問題は無かった。
ただこの屋敷は、一部が二階屋になっていて、残すはそこだけ。
まあ、何もないとは思うんですが、一応見ておこうと、
トン・トン・トン・トン…
階段を上がっていって、廊下の突当りの襖を開けると、広い座敷のようなんですが、真っ暗でよくわからない。
で、明かりを向けながら入ってゆくと、箪笥《たんす》が並んで、鏡台があって、どうやら亡くなった奥さんの物が置いてある部屋らしい。
(成程、こんなところかな…じゃあ引き揚げるか)
と、座敷を出ようと振り向いた瞬間、
ツッ、ツツッ　ツーッ
畳の擦れる音がした。
(ん⁉)
ドキッとして、動きを止めたまま、辺りを窺うと、
ツッ、ツッ　ツツッ　ツーッ
また畳の擦れる音がした。

畳の上をすり足で歩くモノ……それは、いったい…？

（ううっ！　いる。誰かいる。　畳の上を歩いてる！）

そのとたん、背筋を冷たい汗が流れ落ちていった。

この何も見えない真っ暗闇の中で、明かりもないし人がいるはずがない。

音は、立っている自分の、左斜め後ろ辺りから聞えた。

それも直ぐ近くで。

（恐い！）

このまま座敷を飛び出して、逃げようかとも思ったんですが、鍵を預かって管理を頼まれている以上、責任がありますからね。

そういう訳にもいかない。

恐い。

恐いんですが、視線をそーっと後ろに向けると、真っ暗で見えない。

で、ペンシルライトの明かりを向けてゆくと、次の瞬間、

「うわァ――――！」

と、声を上げた。

ペンシルライトが、闇の中の真っ白な女の顔を照らし出した。

「うう――っ！」

こっちをじっと見ている。

黒髪の下から、ふたつの目が小さな明かりに反射して、ガラス玉のように

ギラッと光っている。

ピクリとも動かないし、何も言わないし、表情が無い。

それに瞬きしない。

（ハァハァハァハァ…こいつ何だ!? 人間じゃないのか？）

恐る恐る確かめようと明かりと一緒に、顔を近付けた瞬間、ふたつの目がスッと動いた。

「うわァァ――――!?」

悲鳴を上げながら座敷を飛び出すと、闇の廊下を走って、階段を駆けおりようとしたんですが、足を踏み外して、
ガタン！ ガタガタガタン ガラガラ バタン！

下の廊下に倒れ込んだ。

で、起き上がろうとすると、足首がズキンと激しく痛む。

（ううう―っ！ 駄目だ、立ち上がれない…）

腕を伸ばして、転がっているペンシルライトを掴むと、階段に向けた。

（うーっ、痛っ！ この上から落ちてきたのか）

と、上に向けてゆくと、小さな明かりなんですが、真っ暗な闇の中ですから、それなりに先の方までボンヤリと照らすと、

（うわっ!?）

階段のてっぺんに人影が立っていて、こっちをジッと見下ろしている。

今にも降りて来そうだ。

（…まずい！　逃げなくちゃ）

といってても立てませんから、ペンシルライトを口にくわえて、両手をついて這ってゆく、
ペタン、ペタッ…ズズッ…ズーッ…ペタン…ペタン…

ズズズ…ハァハァハァ…ペタン…ペタン…ズーッズズッ…

「ハァハァハァ…」

額から、ポタポタポタポタポタと汗が滴り落ちる。

「ハァハァハァ…」

ペタン…ペタッ…

と、その後ろから、

…トン…トン…トン…トン…トン…

足音が階段をおりてくる。

（ううっ！　追って来たァ…）

「ハァハァハァ…ウーッ、ウウッ…ハァハァ…」

ペタッ…ペタン…ズズッズズズ…

（苦しい、…腕がしびれる…）

階段の上に立つ人影…ペタン、ペタッ。ペタン、ペタッ。音が近づく…

肩で息をしながら振り返ると真っ暗な廊下の奥から、

…ピタッ…ピタン…ピタン…ピタン…ピタ…

足音が段々と近付いて来た。

もう直ぐ、後ろに来ている。

頭からズルズルと玄関に滑り降りて、

「ハァハァハァ…」

ペタッ…ペタッ…ズズ━ッ…

ガラスのはまった格子戸を
ガラガラガラ
と、開けて、
ペタン・ペタン…ズズズッ…

引戸を開けると、サーッと外光が射し込んで、それからは、ただもう夢中で外へ這いずり出たんですが、息が上がって、頭の中は真っ白で、しばらくは、

「ハァハァハァハァハァハァ…」

荒い息遣いをしていたものの、やがて、気分も落ち着くと、やっと我に返ったんですが、

「それにしても、真っ暗な闇の中から自分を追って来た、あの正体は、何だったんでしょうね」

って言うんですよね。

第二話　引っ掻き傷

春先に亡くなった先輩が、生前、私と何人かの後輩に聞かせてくれた話なんですがね。

仮にこの先輩を、田所さんとしておきましょうか。

劇団を主宰していて、四国での公演の打合せに、単身高知のホテルに入ったんですが、動悸、息切れがして、どうも体調がすぐれない。

田所さん、身長は一七〇センチ程で、体重は一〇〇キロはあるでしょうね。紛《まぎ》れも無い肥満体で、糖尿と、高血圧症を抱えていて、仕事は舞台の演出に脚本やら放送作家といった、デスクワークが殆どですから、間違い無く運動不足で、心臓も弱っているし、年齢も年齢ですからね。

以前にも軽い発作を起した事があるんで、ひと休みすれば、落ち着くだろうと、服のまま、ベッドにごろんと横になったんですが、そのうち、意識が朦朧としてきた。

（…うん⁉　…こいつはまずいぞ！）

と、起き上がって電話をしようとすると、躰が思うように動かない。

どうにか受話器を取ると、フロントに掛けて、

「…すいません…至急…救急車…を…呼んで…下さい…ヨンマルイ…」

と、言いながら気を失った。

それから、どれ程の時間が経ったのか、ぼんやりと意識が戻ると、薄暗い室内の白い天井が目に入った。

シーンと静まり返って人の気配は無い。

自分はベッドに寝かされていて、躰を固定されたような状態で、鼻や腕には管が繋がっていて、視線を向けると、ベッドの周囲はカーテンで仕切られている。

(…ん⁉　…ここは…病院か?)

それも一般の病室ではなくて、救急治療室か何かに、そのまま置かれているらしい。

(…生死の境をさまよったのかな…助かったのかァ…)

と、思った。

差し当って、この情況では何も出来ないし、頭もまだぼーっとしているんで、目をつぶる事にして、そうして時間が過ぎていった。

と、サイレンが聞えて間も無く室内に明かりがついた。

(えっ⁉)

目を開けると、入口の扉が開いて、

ガラガラガラガラ
ストレッチャーの音と、何人もの靴音が慌《あわただ》しく入って来た。

仕切りのカーテンを通して緊迫した空気が伝わってくる。

聞えてくる言葉のやりとりから察すると、かなり危険な状態らしい。

それと無く、耳を傾けていると、

「死亡を確認」

と、声がして。やがて無言のまま、靴音が去って行って、室内の明かりが消された。

(あ――っ…助からなかったのか… え!? という事は、死体はそのままここにあるのか?)

と思ったら、急に恐くなってきた。

別に何かされるという訳ではないけれど、同じ部屋にどこの誰ともわからない死体と一緒にいるというのは、余り気持のいいもんじゃない…

と言っても、この状況ですから、どうする事も出来ないし、

(でも考えてみれば、自分はここへ運ばれて来て助かったのに、むこうは同じように搬送されて来て助からなかった。

もしかしたら、自分も同じような運命をたどっていたのかも知れない)

そう思うと気持もいくらか落ち着いて、亡くなったその人物の冥福を祈っ

た。

そうして、また目をつぶったんですが、死体があると思うと、やっぱり気になってしまって、眠れそうもない。

で、そのまま時間が過ぎていった。

突然、
ガタンッ！

と、音がして、目を開けた。

(何だァ⁉　…何か倒れたのか？　それとも落ちたんだろうか？)

然程の音ではないんですが、静まり返った室内に反響して、ことさらに大きく聞えた。

で、それきり何も聞えてこないんで、目をつぶると、

「…ハァーッ…アッ！」

呻きとも、息遣いともつかない声がした。

(ん⁉　人の声だろうか？　でも自分じゃないし…ここには他に人はいないし…いや…ひとりいる…)

と、思ったとたん、ゾーッとした。

そんな事あるはずが無いと慌てて打ち消したものの、それは脚本家の習性で、恐いと思うとあれこれ想像してしまう。

突然、つぶっていた死体の目が開いて…ベッドから起き上がると、仕切りのカーテンに気付いて近付いてくる……

（あーっ、駄目だァ。そんな事想像しちゃ…）

と、考えないようにしようと思うんですが、状況が状況なもんですから、ついつい連想してしまう。

で、仕切りのカーテンを見るともなく見ていると、かすかに揺れているのに気付いた。

（…空気が動いてるのか？）

と、その瞬間、気配を感じた。

（えっ⁉　何かいる！）

室内には小さな非常灯がついていて、何も見えない真っ暗闇という訳ではないんですが、この見えるような見えないような闇が却って気味が悪い。

（…来てる。こっちに来る…気のせいなんかじゃない）

額の辺りから噴き出した汗が、顔を伝って顎から首筋へと流れてゆくのがわかる。

（…来てる。…直ぐそこに来てる…）

と、次の瞬間、非常灯の小さな明かりが仕切りのカーテンの向こうに、立っている人影を映し出した。

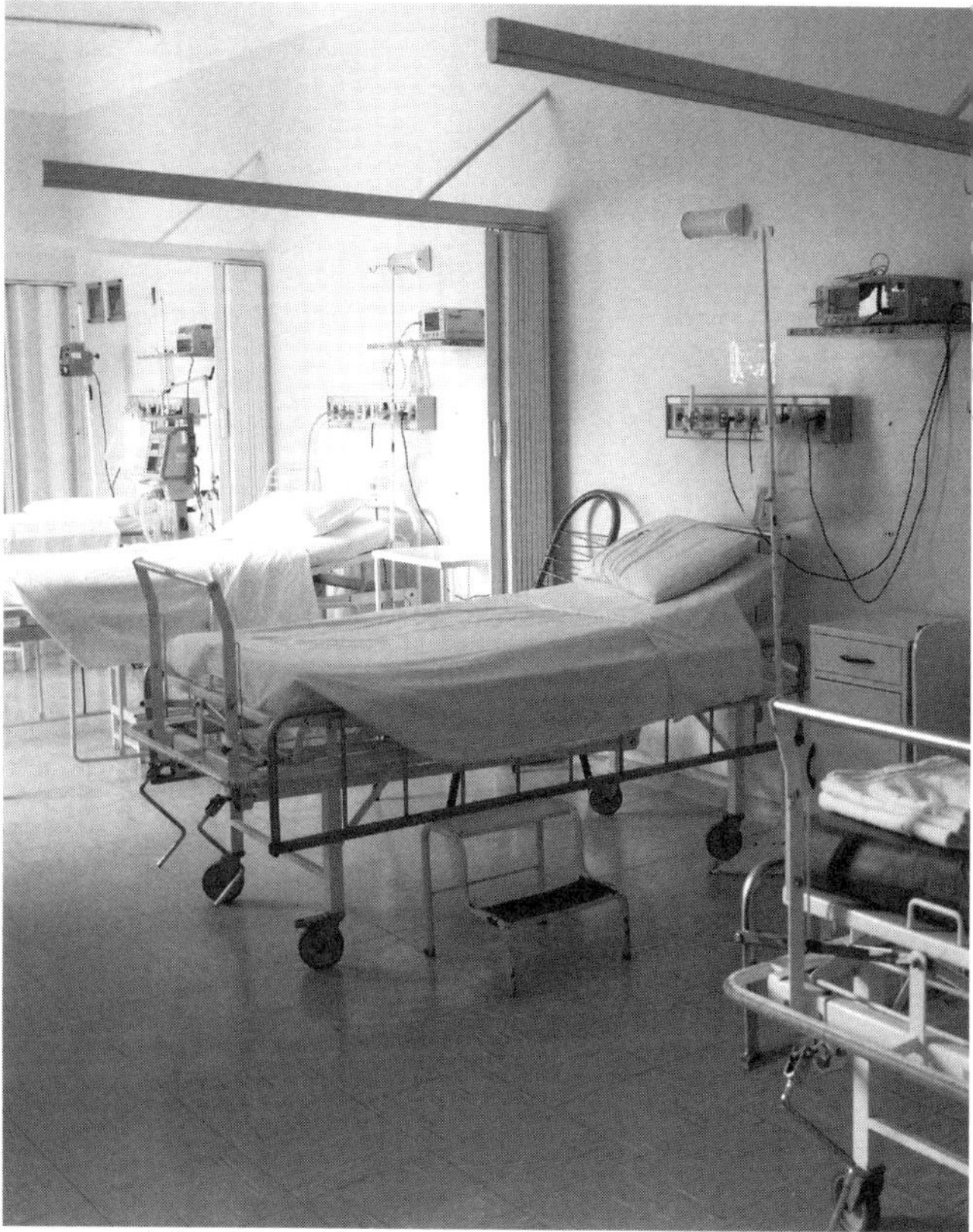

自分の病室にいる〝ナニカ〟…それが近づいてくるのだ。

…うう――っ！　…こいつ、生きてる人間じゃない…）

と、とっさに思った。

（…恐い！）

躰が小刻みに震えて、

「ハァハァハァハァハァハァ…」

自分の息遣いが聞こえる。

恐いから目をつぶろうと思ったんですが、目をつぶったら、何をされるかわからない。

かといって目を開けていたくはないし、で、薄目を開けて寝ているふりをしていると、仕切りのカーテンが開いてゆく。

で、向こうの闇が見えてきた。と、

（ん⁉）

カーテンの端を掴んでいる白い指先が見えて、

（…う―っ）

続いて、闇の中から、ヌッと顔が現れた。

女だ。

こっちの様子を窺っている…

で、カーテンのこっちに入ってきた。

寝ている自分の足の先のベッドのわきに一度立ち止まってから、やおら近付いて来て、片方の手をぐーっと伸ばしてきた。

その時、その手に真珠の指輪をしているのが目に入った。

と、突然、グンと胸が圧迫された。

（うっ、苦しい）

と、またグンと強い力で圧《お》してくる。

（ううっ！）

グングンと圧してくる。

（ううっ…息が出来ない…どうにかしなくちゃ…）

防ごうとするんですが、思うように動けない……

それでもどうにか左手で、相手の手を掴んで、引き離そうとするんですが、離れない。

渾身の力をふりしぼって一気に引くと、手が滑って、相手の手の甲を思いっきり引っ掻いて、そのまま意識を失った。

そうして、時間が過ぎて、目覚めると朝になっていた。

話し声がして、物音も聞えてくるんで、腕を伸ばして、仕切りのカーテンを開けてみると、女性の看護師さんがふたり、シーツを被った遺体を運び出すところだった。

と、その時シーツの端がズルッとずり落ちたんで、看護師さんの一方が掴んで引き上げた瞬間、シーツの下から真珠の指輪をした遺体の手がのぞいた。

（あっ⁉…あの手！）

と、そこへ別の女性看護師さんがやって来て、

「おはようございます。…気分はどうですか？」

と聞かれて、

「お陰様で、すっかりいいようです」

と答えると、

「…そうですか？　それはよかったですね。昨夜、夜中に、一瞬、心肺停止になったんですけど、直《じき》に普通に戻って、他に問題は無かったようですよ」

と言われた。

（心肺停止って、それ、胸を圧迫されたあの時だ）

と、その時、遺体を移動させていた看護師の、

「あら、この遺体の手の甲に引っ掻いたような傷があるけど、昨日、こんな傷なかったわよねェ…」

と言う声が聞えてきた。


という話なんですが、五月に同じ後輩仲間から電話があって、気のおけな

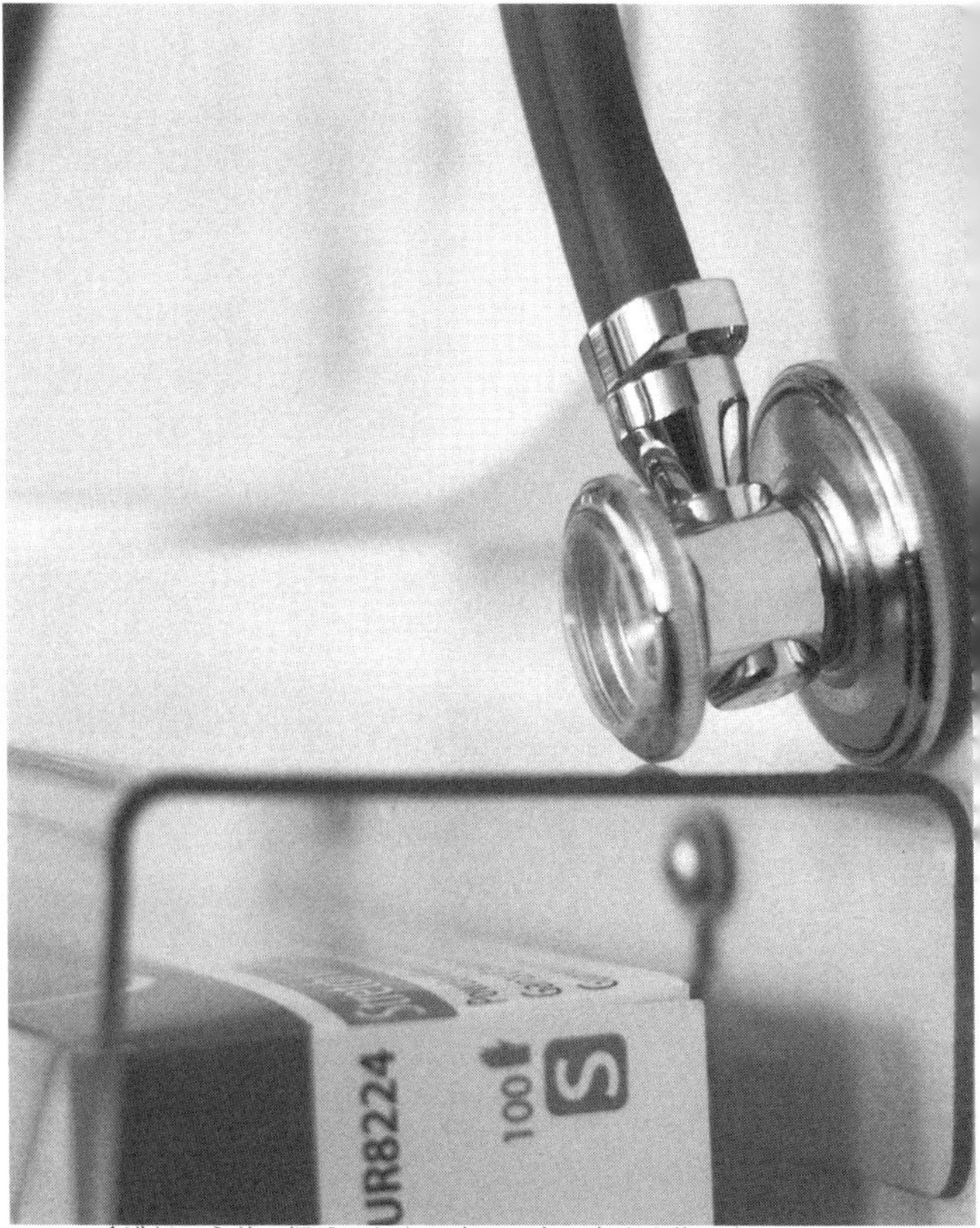

看護師の言葉に愕然とした。昨日の夜、自分を襲ったヤツは……

い雑談をするうちに、

「俺さあ、田所先輩の葬式に出たんだけどね」

って言うんです。

私のところへも通知がきたんですが、それは、

『葬儀の方は、家族と劇団の関係者で行いましたので、日を改めて、お別れの会のご案内をさせていただきます』

という事だったので、花も出してないし、葬儀にも参列していないんですよね。

ただこの彼は、劇団の仕事もしていたんで、葬儀に出たようなんですが、

「でさあ、俺、先輩と最後の別れをしようと思って、棺の先輩の手を握ったら、手の甲に爪でえぐったような引っ掻き傷がついているんで、奥さんに聞いたらさ、奥さんも気にしていたようでね。

というのは、田所先輩、家で倒れて救急車で運ばれたんだけど、その時は、そんな傷は無かったって言うんだよ。

でさあ、俺、ふっと先輩が話してくれた、あの話を思い出してさァ。もしかしたら、あの事と何か関係があるんじゃないのかなァって思ったら、ゾーッとしたんだよね」

って言うんですよね。

第三話 兄貴の引越し

芸能界の大先輩で、親しくお付合いさせていただいている、青空うれし師匠。

コロムビア・トップ師匠のお弟子さんで、人気漫才で、一世を風靡した方ですが、プライベートでも実に楽しい人で、会えば面白い話やら、時には怪談も聞かせてくれたりするんです。

何しろ話題が豊富で、時々嘘をつくんですよね。その嘘が私大好きなんです。業界では〝嘘つきうれし〟と言われた人ですからね。

で、そのうれしさんが、もう十数年くらい前になりますかね、戦後間もない、昭和二十年代の古い新聞を送ってくれたんです。

何かと思って開いてみたら、怪談の連載記事が載ってたんですよね。

当時はラジオの時代で、テレビはまだ普及してませんからね、新聞にも、庶民受けする娯楽性が求められたんでしょうね。

例えば、昭和二八年の毎日新聞には、当時、鎌倉に住んでいた川端康成が、自身の連載の中で、

『近頃幽霊が出るという噂のトンネルが近くにあって…』

と、小坪トンネルを紹介してるんですね。

それで、この小さなトンネルが、日本中に知られるようになった。

まだ、心霊スポットという言葉の無い頃、幽霊名所となった訳ですが、で、その例の掲載記事を書いているのが、この新聞社の若い独身の男性記者で、自分の身に起った恐怖の霊体験を自分自身が紹介しているんですね。

で、いただいた新聞は、その連載の冒頭の部分で、読んでいくと、さあいよいよこれからという、丁度いいところで終わっちゃってるんですよ。

連載ですから〝つづく〟なんですよね。

と言っても、続きの新聞が無い。ただ話に出てくる所が、東京の本郷ということですから、あの東京大学のある辺りで、昔は名のある作家の方達が住んでいた土地でもあるし、出版社の倉庫や、印刷工場などもあって、幽霊噺もいくつかあるんですよね。

で、話の破片を捜し求め、拾い集め、繋《つな》ぎ合せて、どうにか、ご紹介出来る状態になった訳なんです。

戦後間も無い、昭和の怪談ということですよね。

で、この連載を書いた若い記者さんを仮にEさんとしておきましょうか。

事のおこりは、Eさんのお兄さんが所帯を持って間も無く子供が生まれるという時に、相場で大損してしまったんですね。

持ち金はおろか、借金まで背負い込んで、もう、にっちもさっちも行かない。

さて、どうしよう。幸いというと、おかしな言い方ですが、奥さんがお産で実家へ帰ってるんで、その間に夜逃げでもしようかと、友人に相談すると、二、三日してその友人から、

「本郷に訳有りの空き家があって、少しの間だけということなら、その家の管理人ということで、家賃はいらないから」

という、おいしい話が舞い込んできた。

これは有り難い。まさに渡りに船。これを断る理由は無いですから、詳しい事情も聞かずに飛び付いた。

で、友人が手配してくれた運送店のオート三輪が到着すると、運送店の若い衆と、お兄さんとEさんとで隣近所の目を盗んで、家財道具を積み込んで、お兄さんは助手席へ、Eさんは家財道具と一緒に荷台に乗って、目黒の借家を後にした。多分、家賃は踏み倒したんでしょうね。

そうして地図を頼りに本郷へやって来た。恐らく、もうその家の近くまで来ているんだろうとは思うんですが、なにぶん馴染《なじみ》の無い土地ですから、西も東もわからない。

で、交番を見付けて、

「すいません。どの辺りか教えていただきたいんですが…」

と尋ねると、
お巡りさんが、壁に貼った、この地区の大きな地図に向かって、

「…はいはい、所番地は？　えーっと…あっ、ここですね。で、交番がここですからね。この前の道路を行って、ひとつ、ふたつ目の十字路を右に入って少し行くと、道が二股に分かれてますから、左斜めに入る、少し登りになっている道を登りきって、屋敷の角を曲ると、屋敷と屋敷に挟まれたこの路地の突当りがそうですね」

と、言ってから、

「…あれ？　この家って？」

と、表情が変って。

「あの、引っ越してらしたんですか？」

と、聞いたんで、

「ええ、しばらくの間だけなんですけど」

と答えると、

「この地元は、お詳しいですか？」

と、また聞かれて、

「いやァ、こちらには滅多に来たことがないんで…」

と言うと、

交番の警察官の言葉にふと疑問を持った。いったい…？

「…ああ、成程ォ…」

と、妙な言い方をしたんで、

(何だよ。こっちはただ、家がどこにあるのか聞きたいだけなのに、あれこれ質問してきて)

と思ったんですが、

「ありがとうございました」

と礼を言って、教えられたとおり、道路を行ってひとつふたつ目の十字路を右に入って少し行くと道が二股に分かれていて、左斜めに入るゆるやかな登りの道を行くと、この辺りは大きな屋敷が続く閑静な住宅街で、どうやら、戦時中の空襲を免《まぬが》れたんでしょうね。

道の両側の高い塀の上から、黒々と伸びた大きな木々の枝葉が頭上を被って、昼でも薄暗い程。

で、登りきって屋敷の角を曲ると、塀と塀に挟まれた路地が一本あって、その突き当りに、その家はあった。

木造二階建ての和風建築で、小唄のお師匠さんか、お妾《めかけ》さんの独り住まいといった佇《たたず》まいを見せている。

曇りガラスのはまった格子戸に鍵を差し込んで〝クックックッ〟と回して、
ガラガラガラ

と開けて玄関に入ると、左手の下駄箱に女物の塗り下駄が一足置いてあるのが、目に入った。

（この家の持主のかな？　それとも前の住人が置き忘れていったんだろうか……）

どちらにせよ、若い女の履物に見えた。

で、家財道具を家に運び入れると、運送店の若い衆に、心付けを渡して帰ってもらって、あとは掃除をして、家具や家財道具を片付ければいいだけとなった。

と、お兄さんが、

「おい。掃除の前に家ん中をひと通り見とかないかァ？」

と言ったんで、

「そうしようか…」

と、下を見て回ってから、二階へ上ると閉め切ってあって真っ暗。

襖を開けると、閉まった板戸の隙間から外光がわずかに射し込んでいる。

（ん!?）

天井から下がったコードに笠のついた電球があって、スイッチを入れると、
カチッ
と、小さな音を立てて、黄色みを帯びた明かりがついて、そこは八畳の和

室で、箪笥と戸棚と鏡台があった。

「ここ、人が住んでるのかなァ？」

と、Eさんが言うと、

「そりゃないだろう。台所だって使ってる様子もないし、鍋も食器もないんだから」

と、お兄さんが言った。

そうして、掃除をして、家具や家財道具が所定の場所に納まって、ふっとひと息つく頃には、陽も落ちて外はもう夜の闇。

「なァ。腹が減ったなァ。食事に行かないか？」

とお兄さんが言ったんで、

「ああ、そうしようか」

と、ふたりがぶらぶらと歩いて、表通りに出ると、古い食堂があったんで、入ってテーブルにつくと、

「そうだ。あいつどうしてるかなァ…電話してみるか」

と、お兄さんが言って、

「すいませーん。電話貸してください」

と、食堂の電話を借りて、奥さんの実家へ掛けた。

この当時は、タバコ屋さんとか食堂で、お客が〝すいません。電話貸して

ください〟とことわって、店の電話を借りるということは、普通だったんですね。

で、電話が終わると店の人にかわって、電話局から料金を聞いて客が払う訳なんですが、それが、後にタバコ屋さんとか、食堂に公衆電話が置かれるようになるんですね。

で、お兄さんが電話を終えてテーブルに戻って来ると、

「今し方、カミさんが産気付いて、母親が付き添って病院に行ったっていうから、食事すましたら、このまま病院へ向かうからさ、あと頼むよ。で、何かあったら、カミさんの実家の方へ電話でも電報でもよこしてくれよ」

と、言って、食事を終えると、さっさと行ってしまった。

ひとり残されたEさん。

食堂を出ると、ぶらぶら歩いて、酒屋を見付けたんで、酒を買って、またぶらぶらと二股の道までやって来ると、昼でも薄暗いこの道が、夜ともなると、一段と暗さを増して、黒々とした大きな木々の枝葉が覆い被さってきて、まるで明かりの無いトンネルの中を歩いているようでした。

ゆるやかな坂道を登って屋敷の角を曲ると、塀と塀に挟まれた路地の突き当りに、夜空を背景に二階屋の黒い輪郭が見えた。

明かりはあるにはあるんですが、屋敷の角を曲がった路地の入口に電柱か

夜道に響く下駄の音…闇から現れたのは？

ら突き出た笠を被った電球の明かりがひとつ、わずかな辺りを照らしている
だけ。酒瓶を抱えて、歩いてゆくと
カッ、コッ、カラン、コンッ、カッ、コッ…
下駄の音がして、不意に闇の中から女が現れたんで、びっくりした。
暗くてよく見えないんですが、着物姿に髪を結って、鼻の辺りまでショー
ルを巻いているんで、黒髪の下から目だけがのぞいている。
距離が近付くと、年の頃は、恐らく三十前後の中年増といった感じの垢抜《あかぬ》
けした女で、つくりからして、どうやら堅気《かたぎ》じゃないらしい。
で、すれ違った瞬間、
(…いい女だなァ)
と思ったんですが、
(あれ⁉ この女どこから来たんだ? 路地の両側は高い塀で、突き当り
は、自分の帰る家があるだけだし。ここは袋小路で通り抜け出来ないよな。
という事は、この家から出てきたのかな?)
と、振り向くと、
(あれ⁉ いない!)
闇の路地があるだけで、女が消えちゃった。
(おっかしいなァ…どこいったんだ?)

妙な気がしたんですが、そのまま家に帰ると、庭に面した下の座敷に蒲団を敷いて、枕元に電気スタンドを置くと、腕時計をいつでも見れるようにわきに置いて、上着を脱いでからコップを持ってきて、買ってきた酒を注ぐと、ひとりチビリチビリと始めた。

そうして時間が過ぎていって、目蓋《まぶた》も重くなってくると、やがて、うつらうつらと眠気を催してきた。

時計を見ると、夜中の十二時を回ろうとしている。

(…もう、こんな時間かァ…)

で、明かりを消して、横になって半ば眠りに入りかけた頃、カラッ、コッ、カッ、コッ、カッ、コロン、カラン…

静けさの中で、下駄の音が路地にこだまして、次第に大きくなって、近付いて来る。

(ん!? あの女か?)

眠りかけた意識の中で、それが家に入って来た。

(…二階に上がって行ったなァ…)

と、思いながら眠りに落ちた。

さて、そうして翌朝起きた時には、もう女はいなかった。

(…あの女は一体何者なんだ? あんな夜中にやって来て、朝起きるといない。ここに住んでる様子もないし、何しに来たんだろう?)

それにしても、夜、ひとつ屋根の下に見知らぬ女とふたりきりというのも、何だか妙な具合なんですが、

(あながち悪い気もしないなァ)

と、ひとり、にんまりしながら、支度をすると、家をあとにした。

で、新聞社に出社して、兄嫁の実家に電話を入れると、家の人が出て、無事、男の子を出産したと知らされて、お兄さんに替わったんで、

「男の子だって! おめでとう」

と言うと、至極嬉し気に弾んだ声で、

「ありがとう! ま、そういう事だから、あと何日かはこっちにいるんで、家の方は頼むよ」

と言うんで、その日の勤めを終えると、一旦我が家に帰って、しばらく本郷の家に寝泊りするんで、支度を揃えて、旅行鞄に詰め込むと、その足で銭湯に寄って、さっぱりして駅に向かった。

そうして、電車に揺られて駅について、改札を出ると、何だか辺りがやけに暗く感じた。

そりゃ、夜ですから暗いのは当り前なんですが、

(それにしても暗いなァ)

と思いながら見上げると、空には星も月も無く厚く垂れこめた雲に被われている。

（ああ、どうりで暗い訳だ）

で、歩き出すと、じっとりと水気を含んだ生ぬるい空気が躰に纏《まと》わりついてくる。

やがて、暗い空から、ポツリ、ポツリと雨粒が落ちてきた。

（こりゃ、ひと雨くるかな…）

足を速めて、二股の坂道に差し掛った頃には、両側の塀の上から黒々と伸びた木々の枝葉が、ザワザワと鳴って、見上げると、その隙間からのぞく空の一角が、一瞬、チカッと青白く光ったかと思うと、少しの間を置いて、
ガララ…ゴロロロ…

雷鳴が轟《とどろ》いた。

と、葉に、
ポツポツポツポツ
と雨の当たる音がして、それが、サーッという雨音に変った。

屋敷の角を曲って、路地に入ると、降り出した雨の向こうに明かりもなく闇に中に溶け込むように建っている二階屋の輪郭がぼんやりと見えた。

で、急いで家に入って明かりをつけて、上着を脱いで、ひと息入れながら

腕時計を見ると、午後十時を少し過ぎた辺り、
（…さてと）
蒲団を敷いてから、枕元に電気スタンドと読み掛けの単行本を置くと、腕時計を外して、それも置いて、持ってきた寝巻に着替えると、コップに酒をついでから、電気スタンドをつけて、部屋の明かりを消すと、蒲団にうつ伏せになって、やおら単行本のページを開いた。
チビリチビリやりながら、読みすすむうちに、
バタバタバタバタバタバタバタ
廂《ひさし》を激しく打ち付ける雨音がしたかと思うと、
バタン…、パタン…、カタカタン
風に煽られて、何かが当たる音もする。
「うん⁉　だいぶ荒れてきたなァ…」
時間を見ると、零時を回っている。
「あー、もうこんな時間になるのか…」
と、ふっと
「この天候じゃ、あの女は来そうにないなァ」
と、ひとり呟《つぶや》くと、本を閉じて、さて寝ようとすると、
ザァァァァ――――

激しい雨音に交じって、
カラン、コンッ、カッ、コッ、カッ、コッ、カラッ、コッ…

（ん⁉　来た！）

下駄の音が路地をやって来る。

カッ、コッ、カラン、コンッ、カッ…

…ガラガラガラ
玄関が開いて、入って来た。

窺うとも無く窺っていると、
トン、トン、トン、トン
足音が二階へ上がっていった。

（こんな嵐のような晩に、それもこんな時刻になにしに来るんだろう？　この家に住んでいる様子もないし、朝になったらまた帰って行くんだろうか？一体何者なんだろう？）

女の正体が、どうにも気になって仕方ない。

（どんな女かなァ？　顔を見てみたいもんだなァ…）

という衝動にかられた。

（玄関には自分の脱いだ男物の靴があるから、こっちの存在には気付いているだろうけど、こんな夜中にへたに声を掛けて、警戒されてもいけないし、状況からして、そっと覗いてみた方がいいな…。

この激しい雨風で、多少の物音や気配も掻き消されてしまうから、気付かれやしないだろうし…)

と、酔いも手伝って、気も大きくなってますからね。

そうと決まると起き上がって、そっと部屋を出て、足音を忍ばせ階段の下へやって来た。

見上げると、二階は真っ暗なんですが、閉まった襖の隙間から、細く明かりが洩れている。

(…起きてるな。よーし…)

昔の日本家屋ですから、傾斜のきつい階段にやおら両手をつくと、四つん這いの恰好で、息を殺して一段また一段と上がるにつれて、ある種の期待と緊張と多少の罪悪感で、ワクワクドキドキと気分が高まってゆく。

で、二階に着くと、襖にそっと耳をつけて、中の様子を窺ってみた。

が、外の激しい雨音で何も聞えない。で、手探りで襖の縁に指を掛けて、そーっと、ほんの少し開けてみた。

真っ暗闇の中に明かりの筋が洩れていて…どうやら気付かれていない…

(しめた!)

細くわずかに開いた隙間に顔を寄せて覗くと…

（いた！）

黄色みを帯びた電球の明かりの下で、こちらに背を向けた恰好で鏡台に向かって、横座りに膝を崩して、黒髪を手で撫でつけている。

襦袢の襟がはだけて、肩の辺りが露になって、顎の線からうなじにかけて、生めかしい程の女の白い肌。

その何とも艶っぽい後ろ姿が目に飛び込んできて、思わず〝ごくっ〟と生唾を飲み込んだ。

（…ああ、顔が見たい。…もう少し横にずれれば鏡に写る顔が見えるに違いない…）

で、もう少しだけ襖を開けて、目の位置を横にずらすと…、見えた。

鏡に写る女の顔が半分見えた。鼻筋の通った切れ長の目に、紅の口もと…

（…いーい女だなァ…）

こうなると全部見たくなる。

幸いむこうは全く気付いていないし、

（…よーし）

と思って、

（あともう少し）

とつい力が入って、とたん、

いい女だ…顔が見たい…男の本能があふれるが……

（しまった！）
と思った。
なんと、鏡台に向かっている女の背後の襖が開いて、そこから覗いている
自分が鏡に写っちゃってる。
と、女の動きが止まって、
（まずい！）
と思った。
次の瞬間、信じられない事が起った。
女は背中を向けたまま、髪を結った頭だけが、グルンと回転して、こっち
を振り向いた。
（うっ！？）
ありえない。
ショックと恐怖の余り、躰が固まってしまった。
と、その顔は、鏡の写った顔とは似ても似つかぬ、皺《しわ》だらけの骸骨のよう
に痩せこけた老婆で、落ち凹《くぼ》んだ眼窩の奥から、ふたつの目が自分を見据え
ている。
それはもはや人ではなく、異様な化物に見えた。
どうやら相手はこの世の者ではないらしい。

（うわァァァ―――――）
Ｅさんが悲鳴を上げた。
と、同時に凄まじい雷鳴が轟いて、家中の明かりが消えた。
とたんに何も見えない真っ暗闇になって、慌てて立ち上がろうとすると、膝が震えて立ち上がれない。
（まずい、逃げなくちゃ！）
闇の中を探りながら、一段、また一段、足元を確かめながら、四つん這いで、階段を下りてゆく。
…トン…ストン…トン…
気ばかり焦って、足が思うように進まない。急ごうとして、足を踏み外して、そのまま、
ガタッ…ガタガタン、ガラガラガラン、ドッスーン
下まで落ちた。
（う―――…ううっ…）
で、起き上がれませんから、
ハァ、ハァ、ハァ、ハァ、ハァ、ハァ
苦しい息遣いをしながら、這いずっていって、どうにか部屋に逃げ込んだものの、腰が抜けてしまって、そのまま蒲団の上にへたり込んでしまった。

ハァ、ハァ、ハァ、ハァ
息が荒い。噴き出した汗が顔から首、背中を伝ってゆくのがわかる。

(どうしよう⁉　ここにいたんじゃ、逃げ場がないし、かといって外へ飛び出したところで、この激しい雨風の中、行く当てもない。それに立ち上がって歩けそうにもないし…あいつが降りて来やしないだろうか…まさか？)

恐る恐る気配を窺いながら、見えない周囲を見回してゆく。汗で濡れた背中に、べったりと寝間着が貼り付いて、

(…んっ⁉　ううっ？　違う！　寝間着じゃない。人が貼り付いておぶさってるんだ)

と、背後から、ズル、ズルッと、両腕をまわしてきたかと思うと、首にグーッと巻き付いて絞め付けてきた。

(ううっ…苦しいっ！)

外そうと踠《もが》いても、なおも絞めてくる。

やがて意識が遠のいていって…プツッと、途絶えた。

そうして、どれ程の時間が経ったのか、ぼんやりと目が覚めると、雨は既に止んでいて、閉まった雨戸の隙間から、薄《うっす》らと細く朝の日が射し込んでいる。

自分は蒲団からはみ出して、畳の上に倒れていた。

自分の蒲団に入ってきた……逃げられない……

で、次の瞬間、ハッと我に返ると、着替えるのももどかしく、慌てて家を飛び出して、一目散に駅へ向かって駆け出した。

そして、電車に揺られて新聞社に着く頃には、いくらか気持も落ち着いて、電話を取るとあの家を紹介してくれた兄の友人に連絡をとって、昨夜の恐怖の体験を話して聞かすと、友人が、

「そりゃ申し訳ない事しちゃったなァ…まさか、そんな事になるなんて思ってもみなかったよ」

と、聞かせてくれた話なんですが……

それは花街では、少しは知られた芸者だったそうで、年季が明けると贔屓《ひいき》の旦那に囲われて、本郷に家も宛がわれていたんですが、旦那が高齢で亡くなると、溜め込んでいた小金を元手に、金貸しを始めた。

時には、阿漕《あこぎ》な取立てもしたようで、他人の怨みを買ったのか、単なる押込みか、嵐の晩に賊が入って、滅多刺しにされながら、座敷中を血に染めて逃げ回ったようで、そりゃもう、酷い死に様だったという話でね。

以来、人の住まない空き家のままになっていた、と、聞かされた。

第四話　救急病院

私の古くからの友人なんですけどね、頼まれごとがあって、会ったんです。

「俺、去年、死にそうになっちゃってね。その時に、嫌な体験してるんだ」

って言うんですよ。

「実はさあ……」

と彼は話し始めた。

その友人、村越さんっていうんですがね、小さな劇団の主催者、脚本とか演出をやってて、他に放送作家の仕事もしているんです。

この劇団というのは、東京を中心に活躍してて、たまに地方公演もしている。

で、打ち合わせで、村越さんが四国のとある場所に行ったときのことなんですがね、四月だったんですが。暖かいなあと思えば急に冷え込むし、どうも気候がよくなかった。

そこへもってきて、仕事で無理していたものだから、疲れもあったんでしょうね、何だか今ひとつ体調がすぐれない。

で、具合の悪いまま現地入りした。

夜に着いて、簡単に食事をして、調子悪いから早めに休もうと思って、ベットにもぐりこんだ。

夜十時ごろ、急に腰が痛くなった。どんどんどんどん、痛さが増してくる。

（まずいな……いよいよ、来たかな?）

と思った。

というのはこの人、尿道結石という病気の気があった。だいたい季節の変わり目に、気温の上がり下がりで石が動くんですよ。

その痛さがすごい。経験者はわかるだろうけど、要するに、骨が折れたとか、刺されたとか、そんなの問題にならないくらい、すごい痛いさ。

激痛が走る。

普通、痛さは、はじめに大きいのが来て、除々に薄れていくでしょ? 尿道結石は違うんですよね。

激痛がある程度の時間続くんですよ。そして石が動かなくなると、うそみたいに止まる、治っちゃう。ただしそれまではすごく痛い。

と思ったんですがね、どうもそれだけじゃないらしい。

（嫌だな、来たかな）

急に目の前がぼやけてきた。

これはもしかすると命に関わるかなと心配になって、すぐにフロントに電話してわけを話して。病院までタクシーを呼んでもらった。

服を着替えたそのころには、またかなり痛くなってきた。

下に降りていくと、ホテルの人も心配して、病院へ電話してくれてた。

タクシーに乗ったら、これまたすごい激痛。額からは滝のような汗だ、青い顔して震えてる。

運転手も驚いて、

「大丈夫ですか？」

と聞いてくる。

病院に着くと診察室に連れてかれて、まずは痛みを取るべく、鎮痛剤、座薬、注射。レントゲンで石の位置を調べて、血圧いろいろ調べて、最後は診察室の隅のベットに寝かされた。

カーテンで仕切られた部分で、点滴をして、

「安静にしてください」

と言われ、薬がきいてきて、眠くなったのか、うつらうつらしていた。

ぼやーっとしてるうちに、耳だけさえてくるんですよね。

ここまで落ち着いたらあとは治るだけ。おまけに痛さが取れればすっきりするわけですから、そうすれば打合せにも行ける。

（この分なら何の問題もないいな）

と、気持ちもずいぶんと落ち着いてきた。寝るともなく、起きるともなく、うとうとしてたら、遠くでサイレンの音がした。だんだん音が大きくなる。そのうちにやかましいほどになって、しばらくしたら、診察室の明かりがついた。明るくなった。

人が入ってきた。

ストレッチャーの音が聞こえる。緊張した声がカーテン越しに聞こえる。

（急患か、大変だな）

と思っていたら、ぴたっと止んじゃった。

人の出ていく気配がする。明かりが小さくなった。室内は、薄暗い。ドアが閉まる音がした。

みんな行っちゃった。

（今の急患、死んだんだな）

と思ったと言うんです。

部屋の中は、しーんとしている。

その時、ふっと思った。

（ということは、自分が寝ているカーテンの向こうに、今、死んだ人がいるんだ。嫌だな…）

薬で、もうろうとはしているけれど、

（心細いなあ……誰か来てくんないかな……）

と思いながら横になっている。

また、ふと思う。

（ということは、この薄暗い部屋に、今、いるのは、自分と死体のふたりだけなんだ……

うわあ…たまんないな、嫌だな。誰か来てくれないかな。どうすればいいのかな……）

躰はぼーっとしてる。

と、しばらくしたら、人の気配がした。

（あれ、誰かいたんだ）

と、その気配が、す——————っと近づいてきて、
シャッ
っと、カーテンの開く音がした。

（誰か入ってきた……。ああ、看護師さんか……）

そしたら、自分の顔に〝さらっ〟と、髪の毛の先が、触った。

その時に、

（あれ？　看護師さんじゃないな…）

と思った。

そいつは自分の病室に入ってきた…そしてカーテンを……

また、髪の毛が〝さらっ〟と触った。

彼はうっすら、目を開けた。 ぼやっとした自分の視界の中いっぱいに、黒いものが、ぼーっと見えた。

それが、ぐうっ、と寄って来たので、

「うおっ！」

と、思わず悲鳴をあげちゃった。

その、黒い髪の奥から、崩れた顔の女がじっとこっちを見ている。

（うおーっ！）

と思って、逃げようと思うけど、躰がいうことをきかない。

と、その女が手を出してきた。

自分の顔面にぐっと寄ってくる。逃げたい、と思うんだけれども、動けない。

それが、鼻と口を、押さえてきてた、すごい勢いで〝ぐーっ！〟と押してくる。

顔がつぶれるほど、頭が枕にもぐっていく。

（苦しい！ 息ができない！ いや、殺される！）

どんどん押してくるんだ。

「いやーっ！」

と無我夢中でその手に噛みついてやった。

噛みつくと皮膚が破れて、舌の先に血の感触がした。そして、そのまま意識を失ってしまった。

どれくらいか時間が経ったのか、ざわめきに気がついた。

診察室明るくなってる。人がばたばた入ってきて動き回っている。

と、カーテンが開いて、

「いかがですか」

看護師さんが入ってきた。気が付くと、枕がぐっしょり濡れている。

（あれ、濡れてるなあ…）

と思ってると、看護師さんの後ろを、白いシーツをかぶった死体がストレッチャーでちょうど運ばれるところだった。

その時シーツからポロッっと右手がはみ出した。

見るとその右手が、うっすらと血に染まっていた。

それを見た瞬間、彼は、

「あ！　あの手だ！」

と思ったというんです。

看護師さんにいわれて、気がついたそうなんですけど、彼は鼻血を出していて、それが枕を濡らしていた。鼻血が出ているんで、また検査されたそ

ストレッチャーで運ばれる死体。そこからこぼれおちた手には…

うで、ふっ、と壁の時計を見ると、夜十一時十五、六分を指していた。

何のことはない、病院に来てから一時間も経っていなかった！

その後の検査で異常はなくて、しばらく休んでからホテルに帰ったんですが、

「変な体験したんだよ、俺は」

って言ってましたよね。

「稲川さん、あれって、一体何なんだったんだろうか」

ってねえ。

そういうことって、あるのかもしれないですね。

第五話　雛人形

北関東の地方都市の会館で、地元の人形メーカーが主催する雛祭のイベントが開催される事になったんですね。

現代の名工によるものや、代々続く人形工房からの出展や、旧家に伝わる明治、大正時代の頃の雛人形とか、値段のつけようのないという、高価なものまで多数展示されるんですが、その中に昭和初期に作られたという、雛壇飾りがあって、戦時中は空襲を避けて、防空壕へ持って逃げたという、見事なものなんですがね。

ただ、どうした訳なのか残念な事に、三人官女のひとつに首が無い為、そのままでは展示できないので、仮の頭が見付かるまで、一時、地下一階の保管スペースで、待機という事になったんですね。

そうして、展示場の飾り付けが済んで、アトラクションの行われるステージ周りと、客席のセッティングといった作業を終えると、もう、いい時刻になっていた。

明日の初日がありますから、皆急いで会場を後にすることになったんですが、高価な雛人形や、マイクやアンプといった器材もありますから、警備の為に若手社員——仮に加藤君としておきますが——彼がひとり残って、この会館に泊り込む事になったんですね。

そうして皆が
「…お先に」

「…お疲れ」

「…お休み…」

と帰ってゆくと、つい先までの、騒がしい物音も、人の声も消えて、辺りがシーンと静まり返って、急に心細くなってきた。

会館には以前、夜警さんがいたんですが、今はセキュリティーシステムに取って代っていて、この古い大きな建物にいるのは自分ひとりだけ。

時刻はとうに午後十時を回っているし、差し当りする事もありませんから、控室に行って休むことにしたんですね。

まあ、考えようによっては、現場に泊る訳ですから、遅刻する心配もないし、通勤時間の分まで長寝ができる。

ただ、その控室というのが、催し物関係に使われたセットの一部や看板、備品といったものの置き場になっている、会館の地下一階の保管スペースの一角にパネルで四角く仕切られた十畳程の広さの仮設の控室で、早い話が、巨大な物置の中に一箇所だけドアのある塀で囲まれたスペースといった感じで、そこに、どこかの家の応接室から持ってきたような、テーブルとソファーと椅子がある。

それと、電気スタンドと、毛布と枕代りのクッションや、ポットに湯呑みに、自分のパソコン、スマホと懐中電灯といったものと、丸めたポスターが床に転がっているという状況で、ジャージの運動着のまま、ソファーに腰を下ろすと一息ついた。

地下一階ということもあって、物音ひとつ聞えてこない。

一階なら、まだ外の音でも聞えてくるでしょうが、日頃雑音の中にいるせいか、静か過ぎてかえって落ち着かない。

それに、人と物の搬入、搬出を兼ねた出入り口が一箇所しかないんで、空気の流れも淀んでいるようだし、埃っぽいようなすえた臭いもする。

まあ保管スペースというと聞えはいいんですが、使われなくなったものやら、処分出来ずにいる物など、雑多なものが永い間仕舞い込まれたままになっている物置ですからね。

何かの用でもないかぎり、まず滅多に人が来ることは無いだろうし、

（嫌だなァ、ここ何か居やしないだろうなァ…寝ていてふっと目が覚めたら得体の知れない奴が自分の顔を覗いてたりしたら恐いよなァ）

と、この状況の中ですから、ついあれこれ想像してしまって、ますます寝

る気がしなくなる。

で、そんな気持を振り払うように、

「あーもう止め！　もう寝なくちゃ駄目」

と、自分に言い聞かせて、そのままソファーに横になった。

周囲はパネルの壁で囲まれているんですが、天井は、この建物の天井ですから大分高い位置にあって、照明は、眩しい程ではないにしろ、眠るには少し明る過ぎるんで、調整しようと、スイッチを探しに控え室を出た。

辺りを見回しながら行くと、階段の上がり口の壁にあったんで、試しに切ってみると、とたんに真っ暗闇になっちゃったんで、慌ててつけた。

一階は催し物の会場ですから、照明の調整が出来るんですが、地下一階は物置で、ましてや古い建物なんで、つけるか消すかしかない。

で、一旦、控室に戻って、電気スタンドの明かりをつけておいて、再びやって来ると、持ってきた懐中電灯をつけてから、壁のスイッチを切った。

で、この何も見えない地下の闇の中を、小さな明かりひとつで控室にまた戻るんですが、これが結構恐い。

雑多なものがギッシリと仕舞い込まれたままになっているだだっ広い闇の中を、ひとり懐中電灯を向けてゆくと、イベントのセットの一部や看板に、旗と、アトラクションに出演したキャラクターの縫い包みなどもあって、中身のわからない大きな箱が積み上げられた間を抜けると、使われなくなった古い型のロッカーや事務机などが並んでいる。

その先に、さっき運んだ雛壇飾りがテーブルの上に置いてあった。闇の中で、懐中電灯の明かりに浮かび上がる雛人形の白い顔が、一瞬表情を変えたように見えて、ゾクッとした。

「…こうして見ると、人形ってけっこう気味が悪いなァ…」

特に、この首の無い雛人形が妙に生々しいし。

「…何で無いんだ。何か訳でもあるのか？」

と、呟いた。

その時、

（ん⁉）

背後にふっと何かを感じて、振り向くと、ただ真っ暗な闇があるだけなんですが、

（…今、何かいたような気がしたなァ）

と思った。

そうして、また歩き出して、

（…気のせいだったのかな？　それとも…）

と、思い巡らせながら、床に向けた明かりを上に向けたとたん。

いきなり目の前に人がいたんで、

「うわっ――――！」

と声を上げたんですが、相手は動かない。

それは古いマネキン人形だった。

「あーっ、びっくりした。…本気で驚いた…人かと思って肝を潰したよ。もう勘弁してくれよなァ…」

ひとり愚痴りながら控室に帰ると、電気スタンドの明かりはつけっ放しにして、ソファーに横になると、

「さて寝よう」

と目をつぶるんですが、神経が高ぶって、なかなか眠れそうにない。

そうして、寝るともなく起きるともなく、いくらかの時間が過ぎた。

と、不意に、
カタン…

(ん⁉)

ギィィー…カタカタ…カタカタカタカタ…トン…トン…トン…トン…

静まり返った中で、何かの物音が聞えてきた。

(…してる…音がしてる…何の音だろう?)

窓の無い地下ですからね。

風が吹き込んできて音を立てるという事もないし、それに、どうも自然の音ではないようだ。

(えっ⁉　この音は…)

…ヒタ、ヒタ、ヒタ、ヒタ、ヒタ…

耳を澄まして窺っていると、

…ヒタ、ヒタ、ヒタ、ヒタ、ヒタ、ヒタ…

(足音だ!)

この真っ暗闇の中を、歩き回っている。

(誰かいるのか⁉)

…ヒタ、ヒタ、ヒタ、ヒタ…

と、足音がこっちに近付いて来た。

(…来る!　こっちに来る…!　どうしよう?)

(もうそこまで来た…)

息を殺して、音を立てないようにそのまま動かずに、じっと様子を窺っていると、

…ヒタ、ヒタ…

足音が止まって、

…ヒタ、ヒタ、ヒタ、ヒタ…

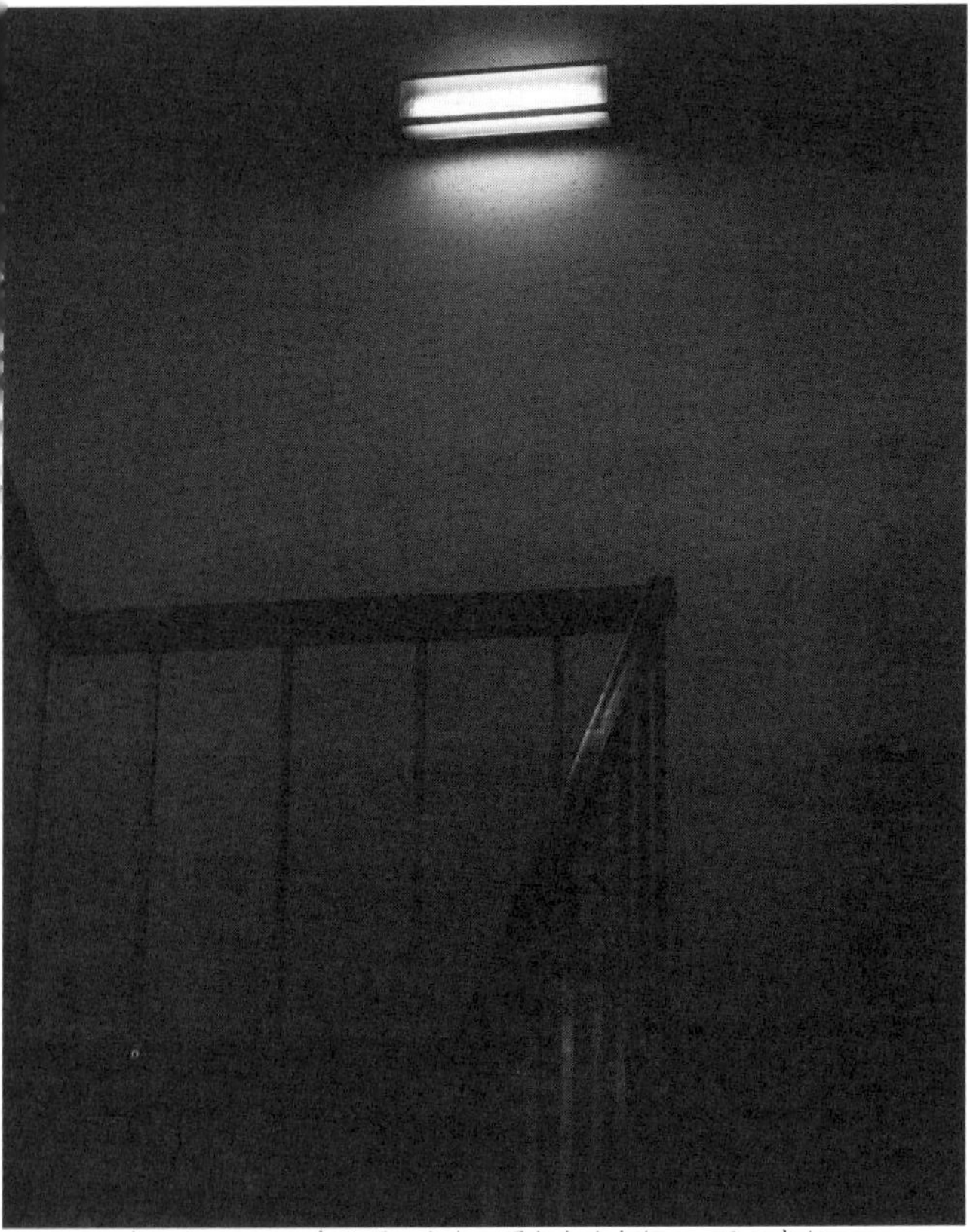

暗い地下でその音は聞こえた…聞きたくもない、その音が…

遠ざかっていった……。

で、何も聞えなくなったんですが、さすがに恐くなって、スマホを取ると、帰宅している先輩に電話をして、

「あっ、もしもし、すいません。加藤ですけど、こんな時間に申し訳ありません」

と言うと、

「何だ？　どうしたァ？　何かあったのか？」

眠そうな先輩の声がかえってきた。

「いえ、そうじゃないんですけど、今晩、自分の他にこっちに残っている人って、誰かいますか？」

と聞くと、

「いや、誰もいないよ。お前だけだよ」

と言ったんで、

「本当ですか？　でもさっきから物音や足音が聞えるんですけど」

と言うと
「ああ、古い建物っていうのはさあ、そんな音がするもんなんだよ。気にする事はないよ。ところでおい、もう一時だぞ。寝ろよ」

と言われて、

「はい。お休みになってるところ、すいませんでした」

と謝ると、

「ああ、いいよ。じゃ、明日な」

と、電話が切れて話し相手がなくなると、また心細くなってきた。

(ああ、もう、とにかく寝よう。眠ってしまえば何もわからないし、明日起きれば皆も来るし…)

と、横になると目を閉じた。

すると、

(ん⁉)

また、かすかに物音が聞えてきた。

カタン…カタカタ…カタカタカタ…トン…ストン…ストン…トン…

(気味の悪い音だな。どうしよう? 見に行った方がいいかな…でも恐いし、いいか、放っとこうか…)

とも思うんですが、

(…やっぱり、まずいか)

自分は警備のために泊り込んでる訳ですからね。何かあったら自分の責任になる。

(この場合、音の正体を確かめる必要があるなァ…)

と思ったんで、勇気をふるって起き上がって懐中電灯を握ると控室を後にした。

もう音は聞えてこない。

（…確かこっちの方からだったなァ）

音の聞えて来た方へ向かってみた。

静まり返った闇の中を、懐中電灯の明かりが丸く照らし出してゆくと、ロッカーがあって、看板があって、積み上げた箱があって…

次の瞬間、その明かりの先が前方の床を照らすと、

（えっ⁉　…何だァ？）

で、近付いて見ると、

（ううっ⁉）

それは何と、床一面に散らばっている雛人形の頭だった。

（一体何があったんだ⁉）

で、周囲の闇に明かりを向けてゆくと、

「うわっ⁉」

テーブルの上に置かれた雛壇の雛人形の頭が、全部抜き取られていた。

それは、三人官女のひとつに頭が無いので、展示出来なかった例の雛壇飾りで、闇の中で、懐中電灯に照らされて雛壇に並ぶ胴体だけの首無し人形は、

さすがに異様で気味が悪く見えた。

自然になるはずがない。誰かが故意に抜き取ったとしか考えられない。

（じゃ、その誰かって誰なんだ？）

と、思ったとたん、全身がぞーっと総毛立った。

（恐らくそいつは、この真っ暗な闇のどこかに潜んでいるんじゃないだろうか？　もしかすると、今。自分の事を見ているかも知れない）

と思うと、どうにも居たたまれない気持ちなんですが、床に落ちている人形の頭をひとつひとつ拾っては、雛壇の乗っているテーブルの端に置いていった。

ほぼ拾い集めたんですが…、

（ん!?）

あとひとつテーブルの下に転がり込んでいる頭を見付けて、しゃがんで手を伸ばしたんですが、とどかない。

床に手をついて、四つん這いで、テーブルの下に潜り込んで、人形の頭を掴もうとしたその時、床に置いた懐中電灯の明かりが、直ぐ目の先のテーブルの向こうの闇の中に立っている、白足袋を履いた足を照らした。

（ううっ…誰かいる！）

自分はテーブルの下、相手はそのテーブルの上に置かれた雛壇の裏に隠れてる。

（…そうか、こいつが雛人形の頭を抜き取ったに違いない）

と直感した。

（あの足音も恐らくこいつだったんだ…でも、この何も見えない真っ暗な中で、明りも持たずに歩き回ったり、雛人形の首を引き抜くなんてことは、とても人間の出来る事じゃない。

…となると、…こいつ、この世の者じゃないのかも…）

と、思ったとたん、背筋がひんやりと冷えるのを感じた。

（まずい。こいつは、こっちの様子を窺っているに違い無い。ここにいちゃいけない。…直ぐに逃げなくちゃ…）

躰がブルブルと小刻みに痙攣《けいれん》している。相手にさとられないように、そーっとテーブルの下から這い出すと、そ知らぬ振りで、雛人形の頭をテーブルの端に置いて、今にも悲鳴を上げて駆け出したくなる気持をこらえて、やおら歩き出した。

（…あいつが見てる。気付かれるなよ…落ち着いて…）

心の中で自分に言い聞かせながら、懐中電灯を向けて、闇の中を行くんですが、膝はガタガタガタガタと震えているし、冷えた汗が首筋から背中と流れ落ちてゆく。

それでも、どうやら気付かぬ振りで控室に戻ってくるなり、スマホを取って、助けを求めようと、再び先輩に電話を掛けた。

震える声で、

「…ハァ、ハァ、ハァ…、あっ、あの先輩…かっ、かっ、加藤ですけど、すいません。あの…ビデオコールに、してもらっていいですか？

あの映像に…どっ、動画にして欲しいんですけど！…」

「えっ？　何？　聴き取りにくいな。…動画にしてくれって言ったか？」

「はい。すいません。顔が見えた方が気持ちが落ち着くもんですから…」

「ああ、わかった…」

で。映像になると、目をこすりながら眠たそうな顔をした先輩が映って、

「…どうしたんだ!?　何かあったのか？」

「…はい…あのォ…いるんです…ゆっ、幽霊が」

「えっ？　何？　幽霊？　オイ勘弁してくれよ！」

「いえ、本当なんです。いるんです。あの地下に置いた雛壇飾りの、雛人形の頭が全部抜き取られて、床に散らばってたんです。そいつがやったんです。

何も見えない、真っ暗闇の中で、明かりもなしにそんな事を出来る人間なんていませんから。

それに今晩、この会館にいるのは自分ひとりだけだし。

抜き取り捨てられた雛人形の首。その意味はいったい……

で、そっ、そいつが、雛壇飾りの裏に隠れてたんです。どっ、…どうしたらいいですか？」

「ええ？　雛人形の頭が？　全部抜き取られて床に散らばってたのか？」

「…はい！　そうなんです。どうしましょう？」

「で、おまえ、どこにいるんだ？…今、映ってるのどこだ？」

「あの、地下一階の仮設の控室です」

「…ああそうか。で、…ん!?　アレ？　オイ！　おまえの後ろのパネル壁か？　その上に乗ってるの、それ何だァ？　人形かァ？」

「はい!?　何ですか？」

「だからさ…おまえの後ろの…パネルの……うわァ――!!」

「えっ!?　せっ、先輩どうしました？　なっ、何ですか？　うっ、後ろ？　後ろですか？」

と、恐る恐る振り向いた。

とたん、

「ギャァァァァ――!」

悲鳴を上げた。

何と、背後のパネルの上から黒髪を振り乱した真っ白な女の生首が自分を見下ろしていた。

第六話　事故物件

製薬会社に勤める、三十代の独身男性で、仮に久保さんとしておきましょうか。

川をひとつ越えると、隣の県という、東京の外れの閑静な住宅地にある、三階建ての西欧風の造りのアパルトマンに引っ越したんですね。

通勤時間は、今迄とさほど変らないし、この辺りは緑が豊かで、休みの日には河川敷を散歩出きる。環境もいいし、そこそこ快適な生活が送れそうだ。

ただ夜ともなると、どの家も早くに休むのか淋しい程の静寂に包まれる。

で、入居にあたって大家さんから前もって、

「このアパルトマンには事故物件がありましてね。いえ、あなたの部屋ではないんですが、ま、規則ですから、お知らせするんですがね。そんな訳で、家賃も相場より割安になってまして」

と、聞かされた。

まあ、自分の部屋でなければ問題ないし、家賃は安いにこした事はない。

そうしてここでの生活が始まって、そんなある晩の事。

さて、そろそろ休もうかと思っていると、

キン、コーン
玄関のチャイムが鳴った。

（こんな時刻に何だろう？）

と、

「はい！」

玄関へ出て行って、ドアを開けると、清楚な身なりの若い女性が立っていて、

「夜分にすいません。真下の二〇三号室の岡本と申しますが…」

と言ったんで、

「あっ、はい！　いや、あの何かご迷惑でもおかけしましたか？」

と言うと、

「いえ、そうじゃないんです。今、帰って来たところなんですが、部屋に入ろうとしたら、中に誰かいるみたいんなんです。それで恐くなって、丁度こちらのお宅の明かりが見えたものですから、すいません」

と言った。

「ああ、そうですか…そういう事でしたら部屋までご一緒しましょうか？」

と、差し当って用心の為にゴルフクラブを一本掴んで、玄関を出ようとして、

（!?）

女性の首に青黒い痣《あざ》があるのに気付いた。

それが首輪のように付いている。

（何だろう、この痣？）

と、一瞬思ったんですが、階段で二階に下りて、部屋の前までやって来ると、玄関のドアの覗き穴から覗いてみた。

が、中は真っ暗、物音ひとつ聞えてこない。

で、試しにチャイムを鳴らしてみた。

キン、コーン

鳴ったんですが、何の反応も無い。

で、女性に目で合図して、ドアのノブを掴むと、一気に開けて、中に飛込んで、壁のスイッチを入れた。

と、パーッと室内に明かりがついて、

「失礼します！」

と、久保さんがひと言ことわって、室内に二、三歩入ると、女性も後から続いて入って、久保さんの後ろに隠れるように立った。

で、室内を見回すんですが、これといって別段変った様子は見られないし、人の姿も無いんで、

「…誰もいませんねェ…」
と、言いながら久保さんが振り返った。
とたん、
（ううっ⁉）
女性が凄まじい形相で自分を睨み付けていたんで、びっくりした。
と、表情が戻って、
「どうも、ご面倒をおかけしました。ありがとうございました」
と、頭を下げたんで、
「あっ、いいえ。…じゃ、お休みなさい」
と、言って、自分の部屋に帰ったんですが、どうも今ひとつすっきりしない。
漠然と、
（何か変だなァ…）
といった違和感のようなものを覚えた。
さて、そんな事があって三日程してこの日は引越して、初めての休日で、
久保さんが部屋でのんびりとくつろいでいると、そこへ大家さんがやって来て、
「お休みのところ、誠に申し訳ないんですが、今、警察の方がみえてまして、
実まあなたの前に入居していた人の事件の事で、確認したい事があって、こ

違和感を感じながら自分の部屋に戻ったのだが…

ちらの現場を検証させてほしい、と言うんですけど、よろしいでしょうかね？」

と言った。

「えっ…現場検証？　いきなりそんな事言われてもなァ…」

とは言っても、相手は警察で事件絡みとなると、断る訳にもいかないし、

「そういう事でしたら、いいですよ」

と答えると、

「そうですか。すいませんね…」

と言って、大家さんが帰って行って、間も無くすると、刑事らしいふたりを連れて戻って来た。

「警察の者ですが、お休みのところ申し訳ありません。少々確認したい事があるもんですから、あの、時間はとりませんから」

と言うと、

「失礼します」

と、玄関で脱いだ靴を持って、

「あの室内じゃないんです」

と言って、部屋を突っ切ってベランダへ出て、靴を履きなおしてから、ベランダのコンクリートの床にある、火災の時の避難用の非常口のステンレス

の蓋を、
　ガボッ
　と開けると、大人ひとりが通れる程の四角い穴が開いていて、そこから真下の部屋のベランダが見えた。

　で、避難用のハシゴを垂らすと、

「ああ、ここから下のベランダへ降りて、初夏の頃でガラス戸が開いて網戸になっていたんで、そこから入ったんだな。

　室内を物色しているところへ、被害者が帰って来て、鍵を開ける音で気付いた犯人が、とっさに物陰に隠れて、部屋にあった電気コードを掴むと、知らずに入って来た被害者を後ろから、首にコードを巻き付けて締め殺した。

　そして玄関のドアの鍵を開けて、外へ逃走したように見せ掛けておいて、避難用のハシゴを登って自分の部屋に戻って、何食わぬ顔をしていた…という訳か……」

「ええ、そうなりますね…」

　と言うふたりの刑事のやり取りを聞いていた久保さん。

（…何？　この部屋の前の住人が、強盗？　殺人？　…で、真下の部屋の住人が被害者？　…殺されたんだ…はーっ、なるほど）

「あの大家さん！　事故物件ってこの事ですかァ？」

と聞くと、大家さんが申し訳なさそうに、

「ええ、まあ、そういう事なんですけど」

と答えた。

（……そうか、そういう訳だったのかァ。あの、何か変だなァと思った、妙な違和感のようなものを覚えたのは、これだったんだ。

…彼女は入居にあたって、前もって大家さんから、この事を聞かされてたんだな…。

それで、帰って来ると部屋の中に人がいるみたいなんで恐くなって、明かりがついている俺のところへ助けを求めて来たんだ。…そうなんだァ）

と、納得して、

「それにしても、下の部屋の岡本さん、若い女性の身でよくそんな部屋にいられますねェ…」

と言うと、大家さんが、ビックリしたような顔をした。

すると、刑事のひとりが、

「あなた何で被害者の名前を知ってるんです？　事件の後に越してらしたんですよね？」

と、言ったんで、

「ええ、二、三日前ですかね。夜、そろそろ寝ようかと思ってたら、玄関のチャイムが鳴ってねェ…、出ると若い女性で『真下の二〇三号室の岡本と申しますが、帰って来たら部屋に誰かいるみたいで、恐くて』って言うから、一緒に部屋まで行って、入ってみたんですがね。

誰もいないんで、そのまま帰ったんですよ。本当ですよ。なんだったら岡本さんに聞いてみてくださいよ…」

（ん⁉　あれっ？　今、被害者って言いました？　何？　被害者が岡本さん？　殺害されたのが、岡本さん？　どうなってんだ？）

すると、もう一方の刑事が、

「…おたく、冗談言ってんじゃないよねェ？」

と言ったんで、

「この状況で冗談なんか言える訳ないでしょ！」

と言い返したものの、

（う────っ！）

久保さん、全身が総毛立った。

「えーっ⁉　じゃ俺のところへ来たあの女は…アレ、殺された女かァ…あの時もう死んでたんだ？　生きてる女じゃなかったんだ。という事は、俺は女の幽霊と一緒に殺された部屋へ行ったって訳か……」

その場の全員が言葉を失って、しばしの沈黙に包まれた。

（…でも何で女は、いや女の怨霊は俺のところへなんか来たんだろう？）

「あのォ、刑事さん、彼女はどんなふうに殺害されたんですか？」

「ええ、何も知らずに帰って来て、部屋に入って来たところを、物陰に潜んでいた犯人が、室内にあった電気コードを後ろから被害者の首に巻き付けて、絞め殺したんですね」

「電気コードで？　絞め殺した？　そうか、あの首の痣、あれはコードで絞められた跡だったんだ。えっ…ということは、彼女は自分を殺した犯人の顔を見ていないんですかね？」

「恐らくそうでしょうね。まあ顔見知りの場合は大体が怨恨による犯行で、お互いの顔を見ながら絞殺するというのが一般的なんですが、相手が見ず知らずの犯人の場合は、やはり苦しむ顔を見たくはないんでしょうね。ほとんどの場合、背後からの絞殺ですね」

「はあ…そうですか」

（……という事は、待てよ…そうか…そうなのか、そういう事か…『部屋に誰かいるみたいで恐い』と言って来たのは、俺を部屋から連れ出して、自分が殺された現場へ俺を誘い込むための口実だったんだ。

　で、俺が室内に入ると、後から付いて来て、俺の後ろに隠れるようにしたのは、あれは恐いからじゃなくて、隙をみて後ろから俺の首を締めようとしてたんだ。

で『よーし今だ！』とばかり、凄まじい形相で襲おうとした瞬間、不意に俺が振り向いちゃったもんだから、とっさの事で、あんな顔で睨《にら》んでたんだ。

で、チャンスを逃してしまった。…という訳か。という事は、殺害された女は自分を殺した真上の部屋の男を俺と勘違いしてるんだ。

となるとまずい…まずいぞ。一度失敗してるから、また、隙をみて襲ってくるに違いない。どうしよう？　どうすりゃいいんだ？

この際引越したほうがいいな。とはいっても、経済的な事情もあって、そう簡単にはいかないし…）

そうこうするうちに、日が過ぎていって、夜、床に就いてふっと、

（もしや今晩当り女が来やしないだろうか⁉）

と思ったとたんにジンワリと躰が汗ばんでくる、といった具合で、

（今、こうしている間にも、真下の部屋で女の怨霊が、その機会を狙っているかも知れない）

と思うとぐっすりと眠れない。

そんな日が続いていて、この日は仕事の都合で帰りが遅くなって、駅に着くと、外灯がまばらな道を足早に家路を急いだ。

やがて前方の夜空の下に三階建てのアパルトマンが見えてくると、自分の

モダンなアパルトマンも夜の闇の中ではその雰囲気を変化させる…？

部屋にも下の部屋にも明かりが無い。

で、ドアを開けて部屋に入ると同時に、明かりをつけて、室内を確認してから靴を脱ぐというのが、すっかり習慣になってしまったんですが、部屋の中は、出た時のまま変った様子も無いし、さて着替えようとすると、
キン、コーン〜…

玄関のチャイムが鳴った。

（うっ⁉　来たァ！）

とたんに全身が凍り付いた。

（…どうしよう⁉　まずいぞ！）

と、また、
キン、コーン〜…

チャイムが鳴った。

（…どうすりゃいいんだ⁉）

冷えた汗がジンワリと皮膚を濡らしてゆく。

と、

「ご免ください…」

外で女の声がした。

（…ううう っ！　いる！　恐らくドアの前にいて、覗き穴から中の様子を窺

っているに違い無い…）

逃げたい。逃げ出したいんですが、逃げ口は玄関しかない。ブルブルブルブルと躰が痙攣を起したように震えていて、その場から動けないでいると、

「開けてください…」

また、女の声がした。

（うう――――っ！　…ハァハァハァハァハァハァハァ…。相手はこの世の者じゃない。入ろうと思えば、どこからだって入って来れるんだ！）

と、
コンコン…コンコンコン…コンコンコンコン…

コンコンコンコンコンコン…

ドアをノックしてきた。

次第に強く早くなってくる。

（…急かせてるんだ！）

ドンドン…ドンドンドンドン…

今度は叩いてる。

ドンドンドンドンドンドン…

音が大きくなってきた。

（…ああ…あああー、あーっ、駄目だァ…恐怖で頭が混乱してしまって、何

も考えられない。恐い！　ただ恐い！）

ドンドンドンドンドンドンドン
（うー、うーうー、そうだ！　ベランダだっ！）

気付かれないように、そっとガラス戸を開けて、ベランダへ出ると、火災の時の避難用の非常口のステンレスの蓋を両手で開けて、
ハァハァハァハァハァハァ…

肩で荒い息遣いをしながら、避難バシゴを垂らすと、
ハッ…ハッ…ハッ…ハッ……

真下の部屋のベランダへ降り立った。

見ると、ガラス戸の向うの室内は真っ暗。あとはまた、ここの避難バシゴで下の駐車場へ降りればどこへだって逃げられる。

額の汗を腕でぬぐって、ステンレスの蓋を両手で掴んで引くと〝ズボッ〟と開いた。

避難バシゴを垂らして、
ハァ・ハァ・ハァ・ハァ…

一段…一段降りてゆく…

と、突然。

（ウエッ！）

首にコードが巻き付いて、グーッと締め付けてきた。

とっさの事で、ハシゴを掴んでいる両手が塞がってますから、かわしようがない…。

（しまった嵌《は》められたァ！　…相手は初めから、こうなる事を計算してたんだ！　まんまと、騙された……）

コードが、グイグイと首に食い込んでくる…。

（違う！　俺じゃない！）

って叫びたいんですがね。声が出ない。

（ううっ、苦しい…息が出来ない！）

躰をのけぞるようにして顔を上げると、髪を振り乱した凄まじい形相の女が、コードを掴んで力任せに引いている。

（こっ…こいつは俺を殺す気だァ…！）

ハシゴを掴んでいるんで、片手しか使えない。

で、コードと首の間に指を差し込んで外そうとするんですが、ゆるむ様子がない。

（まずい…どうにかしなくちゃ。こうなったら、両手でコードを掴んで、全身をバタつかせて思いっ切りもがくしかない）

で、首に食い込んでいるコードを指先で掴んで引っ張りながら、

緊急用の避難梯子をつたって逃げる、逃げる、逃げる……

「あーっ！」

と声を上げるんですが、咽《のど》が絞められて声が出ない。

それでも、叫びながら、ただもう必死でもがくうちにコードがゆるんだ。

なおも、もがいていると、

「あ――っ！」

叫び声が出て、コードがズルズルと外れてそのまま、
ドッスーン！

と、コンクリートの地面に叩き付けられた。

鈍い痛みを全身に感じながら、ボンヤリと遠ざかる意識の中で、

…ガラガラ…ガタン…ガラガラガラ…

それぞれの部屋のガラス戸の開く音と、

「…今の悲鳴何だァ⁉　誰か落ちたのか？」

「おーい、大丈夫かァ！　救急車！」

という住人達の声がして、やがて、暗く深い淵の底へと飲み込まれていった。

第七話　座敷童子の溫度

恐い旅館の話は、いくつもあるんですが、はなっから

「ここは出る」

とわかってるとこってあるんです。

そこへ、承知の上で行ったわけだ。

岩手と青森との県境にある旅館なんですが、もう三百年もやってる旅館でねえ、そこは、あの座敷童子が出るんで、有名だったんですよ、座敷童子。で、仕事の帰りに、そこに寄ってくれって言われて、寄った。

カメラに撮るって話だったんで、こっちも軽い気持ちでのったんだな。

というのは、私は前から、そこのデータ持っていたんですよ。

私はね、日本全国のいろんな資料を持ってますからねえ。

それで行ったら、私が持っていたデータは、今の旅館のご主人さんの、お父さんの頃のものだったんですよ。

栄一さんという、その方の時代のことだったんです。

だからね、その旅館に入る前から、中のレイアウトなんかも知っていたんですよ。

私があまりに詳しいもんだから、ご主人も、

「稲川さん、なんでそんなに知ってるんですか」

って、目を丸くして、ねえ。

「いやあ、私、資料持ってるんですよ」

とお話させて頂きました。

実際にお部屋に入ってみると、資料とそんなに違いはないんだけれど、床の間やなんかに、やたらと人形が置いてあるのには驚いた。

「うわあ―、これ、なんです？」

ちょっと凄い風景で、人形ばっか何百体もある。

で、聞いたらば、

「〝この部屋に泊めてくれ〟という人が多くてですね。それで座敷童子に会うと、縁起がいい。商売もうまくいくしと。

それで、部屋に泊まって童子に会って、商売繁盛した人たちが、お礼にって言って人形をよこすんですよ」

とご主人言ってました。

それでいつの間にか、部屋中が人形だらけになってる。

「で、稲川さん、どうしましょうか？」

って言うんで、

「あの、温度を感知するカメラ、あれを置いてくださいよ」
と言ったんです。あれなら絶対撮れるからね。
暗視カメラから、普通のカメラまで、一応ありったけ置いといて、用意しておいた。
それでその部屋、全部でね四百ぐらいの人形が置いてある。凄いんだ。
テレビがあって、テレビの上にも人形が三つ置いてあった。
それで布団の方向なんか、私が全部決めて準備した。
そしてカメラ回した。
「座敷童子が出る時間は？」
と聞くと、
「だいたい夜中の一時十五分ぐらいの見当です」
と。
その夜は、寝ないで待ってました。私、ずっとひとりで。
みんなは離れた部屋にいる。ひっそりと、待ち構えている。座敷童子を、異常現象を。
でもねえ、そのうち、うつらうつらとしてくる。やけに眠くなってくる。
（なんだ、急に……うわわわわ、落ちてゆく…）
そんな感じがして、

（ん…眠くなる……）

急にです。

そんな時でも、

「ああー　今、一時になったなあ」

と、時計は見ている。

時計は無意識に見てるんだけど、そうしたら、後は十五分待てば、いいわけじゃないですか。

それなのに、その十五分が耐えられない。その十五分が、えらく長い。時計が、ぐにゃっとしてる。

そうこうするうちに、十分になった。

（あと、五分だ…そうしたら…）

とたんに眠りに落ちそうになる。

（あ、いけない！）

時計を見たら、ちょうどその時間だ。

一時十五分。

ついに来た！

「あっ、いけねー」

必死で、目を開けようとすると目の前が変だ。

目を開けたら、もう周囲が粒子なんだ。

(粒子？　なんだこれ。空気が渦巻いてる。あれ？)

と思ったら、布団が、
ずっずず――

引きずられてる。

自分ではそう思った。思ってたらそのうち顔を、
ぐっ、ぐっ、ぐっ
と押され始めた。

その時、

(こいつは絶対やったな、撮った！)

と思った。

で、カメラを見たら指が見える。指が写ってる。

それは、新聞紙を細く丸めたような、棒のような指。

昔ね、2B弾というかんしゃく玉のような火薬があった、直径が五ミリぐらいの新聞紙を丸めたようなのがあったんですがね、そのような指が、四つぐらい、ぴっと出て見えたんです。四つ、ぴっ、ぴっ、と。

そのような指が、私の顔を押してた。私の、ほっぺた、押してくる。

それで髪の毛が見えたんで、

（うっ！）

と思ったら、着物が見えました。

青いんですよ。青い地に赤いちっちゃな点と、白い紋様の絣《かすり》の着物が、動いていた。見えたんですよ。

その動いている中、髪の毛の中に、顔があった。

顔があったんだけれども、その顔はなんというか起伏がないんです。

要するに、お面みたいに画用紙を切ってね、下を丸くして、上を四角く切って、目のところに穴を開けて、目がふたつ、口がひとつだけの、そういう顔が一生懸命に動いてる。

『今だぞ！　今だぞ！』

って離れにいるみんなに、伝えたいんだけれども、

「うがあ……、うが……」

ろれつが回らない。

やがてね、みんなが私の異常に気がついて、飛んできた。

「おい、いるだろ！」

と言おうとしても、

「おういうだおお」

になっちゃう。

座敷童子がいる！　伝えたいのに……

ろれつが回らない。

「なんかうつうてるう?」

うまく言えない。

しばらくしてね、やっと舌が回るようになって、

「参ったなあ……、なんだこれ………!」

見ると、布団がなんか私が激しく寝返り打ったように、もう散々、ひっくり返って乱れている。

凄まじいもんがありましたよ、ねえ。

で、次の日、すぐにカメラチェックした。

「なにが写ってる?」

私も興奮してた。

そうしたら、私とテレビの上の人形だけが、なぜかピンク色してて、画面そこだけピンク色になってた。

要するに熱に反応してたんだ。

他は、全然熱反応してないんですよ。

「なんでしょうね!　これ」

カメラをのぞいたみんなが、

(信じられない…!)

って感じでご主人もびっくりしてた。
やっぱいるんですよね、座敷童子は。
その時間、そのタイミングで出るものは出るんじゃないですかね。

第八話　交差点の女

静岡の人で電気工事の下請をしている三十代の独身男性なんですが、仮に河本さんとしておきましょうか。

追加の仕事が入ったんで、静岡市内の現場から次の現場の掛川《かけがわ》方面へ向けてひとりクルマを走らせていると、日も暮れ始めて、やがて、ヘッドライトが照らす前方の交差点にポツンとひとり佇んでいる人影が目に入った。

距離が近付くと落ち着いた身形の若い女性で、遠目からも端整《たんせい》な顔だちをした美人に見えた。

どうやらタクシーが通るのを待っているような様子なんで、速度を落として、近くまで行って停めると、

「タクシー待ってるんですか？」

と声を掛けてみた。すると女性が顔を向けて頷いたんで、

「予約してます？」

と聞くと、首を振った。

「この辺りタクシーは滅多に通らないし、よかったら途中まで送りましょうか？」

と言うと、ほっとした顔をして、

「いいですか？　すいません…」

と言って、乗って来た。でクルマをスタートさせて、

「どうしたんです？」

と聞くと、

「交差点から少し行ったお宅に用事で伺った帰りなんですけど、来る時はタクシーで来て、帰りも直ぐに拾えると思ったら全く通らなくて、予約しようにも携帯電話が壊れてしまって、どうしようかと困っていたところだったんです」

と言ったんで、

「じゃ、丁度いいところへ来た訳だ」

と河本さんが言うと、彼女が笑いながら頷いた。

とまあ、そうして楽しくお喋りしながらしばらく走ると、

「あっ、もうそこですから、この辺りで結構です」

と言うんで、クルマを停めると、

「ありがとうございました」

と礼を言って、闇の中を去って行った。

「…いいなァ、何だか彼女とドライブしてるみたいな気分だったなァ。それ

となく勤め先でも聞いときゃよかったなァ…」

と、後ろ姿を見送って、クルマはまた走り出した。

そうして次の現場の部品工場に到着した時には、辺りは既に夜の闇に包まれていて、故障箇所の修理作業を手際よく済ませると、休む間もなくクルマに乗り込んで、来た道を再び静岡市内方面へ向けて家路についた。

闇の中をクルマが行く、この辺りは一面の茶畑と緑の丘が連なって、昼間は気持のいい田園風景が広がっているんですが、夜ともなると外灯もなく、黒い闇の遠くに時折、ポツン、ポツンと民家の小さな明かりが見えるだけ。自分の他には、後にも先にもクルマ一台走っていない。聞えるのはエンジンの音だけ。

そうしてしばらくやって来ると、やがて道幅が広がって、片側二車線になったんで、多少速度を上げて走っていると、

(ん⁉)

隣の車線の前方を屋根のランプを点灯して、ノロノロと行く一台のタクシーをヘッドライトが照らし出した。

「…何だァ？　やけに遅いなァ…屋根のランプがついているところをみると空車か…、ゆっくり走りながら客でも探してるのかな？

いや、そりゃないいな。こんなところに人はいないし、それにしても遅過ぎ

るぞ。まあ俺の他にはクルマがいないからいいようなものの、ノロノロ運転ってのもかえって危険だよなァ。…それともどこか故障でもしてるのかな？」と、ひとり呟きながら、あれこれ思い巡らすうちに、タクシーに追い着いたんで、速度を落して、隣に並ぶようにして、追い抜きざまにチラッと覗いてみると、運転手は無表情な顔で、前方を見詰めたままハンドルを握っている。

と、

（あれ⁉）

暗い車内の後部座席に人がいる。

（客が乗ってるのに、何で屋根のランプをつけたままでノロノロ運転してるんだ？　ん⁉　あれっ⁉　あの乗客、彼女じゃないか？）

うつむき加減で、肩までの髪が顔の半分を隠しているんですが、

（間違い無い、あの顔、あの服、彼女だ！　何でタクシーに乗ってるんだ？家に帰ったんじゃなかったのか？　それとも、急な用事でも出来たのかな）

妙な気がしながらも、タクシーを追い越して行くと、前方の交差点の信号が黄色から赤に変わったんで、クルマを停めた。

（後からタクシーが追い着いて来て隣に停まったら、声でも掛けてやろうか）

と思いながら、バックミラーに目をやると、ノロノロと後ろからやって来

るタクシーが突然速度をぐんぐんと上げてきたんで、

（あれっ⁉　どうしちゃったんだ？）

と思う間も無く見る見る迫って来たかと思うと、止まっているこっちのクルマを追い越して、そのまま赤信号の交差点に突っ込んでゆく。

と、そこへ左手から大型トラックが走って来て、

（まずい！）

と、思った瞬間、
ギィイイイ――――！

トラックは急ブレーキをかけた。けたたましい音を立てながら、大きなタイヤが路面を滑る。

と、タクシーがその前に飛び出した。

グァッシャ――――ン…

あっという間もなかった。

金属同士のぶつかる激しい衝撃音が夜の闇に響いたかと思うと、弾みではじかれたタクシーが交差点の歩道に乗り上げて止まった。

「…あーあ、やっちまった！」

河本さん、とっさに自分のクルマを路肩に寄せて停めると、携帯電話で救急と警察へ通報して、タクシーに駆け寄ってみると、フロントの右側の部分

が、ヘッドライトごとグシャッと潰れていて、フェンダーには擦れた傷跡があって、ガラスが砕け散った運転席のドアの窓から恐る恐る覗くと、エアバッグと座席に挟まれた隙間から、表情の無い運転手の顔が見えた。

「オイ！　大丈夫かァ…しっかりしろ！」

声を掛けても反応がない。

そこへトラックの運転手が青ざめた顔でとんできて、ふたりでタクシーの車内から運転手を助け出そうとするんですが、ドアが歪んでしまって開かない。

そうこうしていると、サイレンが近付いて来て、救急車とパトカーが到着したんで、皆で運転手を車内から運び出したんですが、見たところ怪我はしていないようだった。

と、河本さんが思い出したように、

「そうだ。後部座席に、もうひとり女性が乗ってます！」

と伝えると、警察官が慌てて車内を確かめたんですが、

「誰もいませんね」

と言われて、

「あれ？　おかしいなァ…」

としか答えられなかった。

交差点で起きた事故。事故の証言をする彼が目撃したものは？

(…どういうことなんだ。自分はノロノロと走ってゆくタクシーに追い着いてみると、後部座席にあの彼女がいた。

で、追い越して、すぐ先の交差点の信号が赤になったんで、クルマを停めると、後から来るタクシーが突然スピードを上げてきて、赤信号を無視して交差点に突っ込んでいって、トラックに接触して、はじかれた勢いで、歩道に乗り上げて止まった。

タクシーは一度も停まってないし、彼女も降りてない。もし、歩道で停まったタクシーから降りたとしても、この状況で黙って立ち去りはしないだろう。事故なんだから、警察も来るし現場にいるはずだ。

第一、降りたところも見てないし、辺りを見回しても姿が無い。となると消えたとしか思えない)

で、事故の目撃者で、通報した河本さんが、警察官に、その時の状況を聞かれて、

「ええ、静岡市内へ向かって走っていると、隣の車線の前方を、タクシーが屋根のランプを点灯してやけにノロノロと走って行くんで、客を探しながらゆっくり走ってるのかなと思ったんですが、追い着いて見ると、後部座席に若い女性が乗っていたんで、『アレ!? 客を乗せてるのにランプがついてるなァ…』と思ったんですが、そのまま追い越すと、直ぐ先の交差点の信号が

赤に変ったんです。

　停止してると、突然後ろから来るタクシーがぐんぐんとスピードを上げてきて、そのまま赤信号を無視して交差点に突っ込んでいって、走って来たトラックが急ブレーキを掛けたんですが、タクシーがその前に飛び出して、はじかれて歩道に乗り上げたんです」

　と説明すると、

「…そうですか…後部座席には若い女性が乗っていたんですね」

と、不可解そうな面持ちで、

「どうも、ご協力ありがとうございました。で、また何かお伺いすることがあるかも知れませんので、すいませんが、ご連絡先とお名前を教えていただけますか？」

　と言われて、自分の事務所の名刺の裏に、携帯の番号と住所を書いて渡したんです。

　そこへトラックの運転手が来て、自分の方には落ち度の無い事を証言してくれた河本さんに、

「どうもありがとうございました」

と、深々と頭を下げて礼を言った。

さて、そんな出来事があって、三日程して警察から電話で、

「申し訳ありませんが、先日の事故の事で、少々お聞きしたい事がありまして、出来ましたら警察署まで御足労願えないでしょうか」

と言ってきた。

河本さんも、例の彼女の事が気になったんで、

「何かあったんですか？」

と聞くと、

「ええ、タクシーの運転さんは打撲程度で怪我はなかったんですが、事故前後の記憶がないんです。何でノロノロ運転をしていて、突然スピードを上げたまま信号無視をして交差点に進入したのかという事や、若い女性の客を乗せていた事も全く覚えて無いんですよ」

と、いうんで、河本さんが警察へ出向くと、

「お忙しいところすいません。早速、あの事故の時に後部座席に若い女性が乗っていたと言われましたよね。で、あのタクシーなんですが、料金のメーターも回ってなかったし、屋根のランプも点灯していた。という事は、空車だったという事ですよね。

で、事故現場の車内には女性はいなかったんですが、あの交差点には対角線上に二台の監視カメラが設置されてましてね。その一方のカメラの映像に、赤信号を無視して交差点に進入して来るあのタクシーが映ってまして、で、

その後部座席に女性が映ってたんですよ。河本さんは、その女性を目撃されてるんですよね」

「ええ、確かに見ました」

「そうですか、あの事故現場はうちの署の管轄でして、実は一年前にも全く同じ場所で、それもよく似た状況でタクシーが事故を起こしてるんです。

その時も私が担当したんですが、そのタクシーというのが、運転手は違いますが、何と、今回事故を起したあのタクシーなんです。同じタクシーだったんですよ。

車輌自体にさほど損傷が無かったんで、パーツを交換してそのまま使用していたようなんです。

で、その事故というのが、交差点の信号が赤に変ったところへタクシーが進入して、走って来たトラックに接触して弾き飛ばされた勢いで、歩道に乗り上げたんですが、運悪く、その歩道で携帯電話を掛けていた若い女性がまき込まれて死亡してるんですよ。どうやらタクシーの予約をしていたところだったようなんですがね」

と聞かされて、はっと気付いた。

（そうだ、あの交差点は掛川方面の現場へ向かう途中で、あの彼女を乗せた場所だ。確か、携帯電話が壊れてしまって、タクシーの予約が出来ないって言ってたっけ。

ちょと待ってくれよ。まさか、それじゃあの彼女は死んだ女だったたっていうのか？　だとすると、俺は女の幽霊を自分のクルマに乗せて、お喋りしながらドライブ気分を楽しんでたって訳か？　信じがたい事だけど、そう考えてみれば、全てが妙に合致する）

と思ったとたん、全身がゾーッと総毛立つのを覚えた。

警察の話に、恐怖心もさることながら、にわかに好奇心が湧いてきて、確かめてみようかな…という衝動に駆られた。

と、そんな事があって二日程して、何の確証も無いんですが、差し当って二件の事故と彼女との接点でもある、例の交差点へ行ってみることにしたんですね。

で、あの日と同じくらいの時刻を見はからって、掛川方面へ向けてクルマを走らせているうちに日も暮れて、交差点に近付くにつれて、俄《にわか》に心臓の鼓動が速まってきた。

（…もしあの時と同じように、彼女がいたらどうしよう？　クルマを停めて声を掛けるのはさすがに恐いし、そのまま走り抜けた方がいいかな。まあ、成行き次第で、その時になってみてということかな…）

と、あれこれ思いめぐらすうちに、ヘッドライトの照らす前方に交差点が

例の交差点…再び通りかかった彼を待ち受けていたものは…

見えてきた。

もう後戻りは出来ない。ハンドルを握る手がジットリと汗ばんでくる。

（…いるだろうか？）

ぐんぐんと近づいてゆくんですが、人影は見当らない。

で、交差点に差し掛ると、人っ子ひとりいなかった。

その瞬間。緊張がほぐれて、

「…ハァー」

と、ひとつ深い息を吐くと、そのまま走り過ぎて、しばらく走って彼女を降した辺りまで行ってから折り返して、この日は帰る事にしたんですね。

（…幽霊はもう出ないのかもしれないなァ。問題のタクシーは廃車になって、いずれ鉄屑にされてしまうだろうし…）

と思った。

それが三日もすると、

（もう一度だけ行ってみようかな）

という気になってきて、再びクルマで掛川方面に向かううちに日も落ちて、やがて、前方に交差点が見えてくると、

（ん!?）

人の姿が無い。

（…やっぱり駄目か）

と思った。

で、先日と同じように彼女を降した所まで行ってみて折り返そうとして、

（あれっ⁉）

この辺りは家が一軒も無いことに気付いた。

（そうだった。あの時…）

明かりの無い闇の中へ消えていった彼女の後ろ姿を思い出して、クルマを停めて改めて見ると、ずーっと続いていると思った茶畑の向こうは墓地だった。

その時、ふっと、

（亡くなった女性はもしやここに…）

と思ったとたん、背筋の辺りがゾクーッとした。

「ううーっ、勘弁してくれよ！」

と呟くと急いでこの場を離れて、静岡市内へと引き返したんですが、道路の後にも先にもクルマの姿が一台も見えないし、ヘッドライトが照らし出してゆく前方を見詰めながら、

（こんなところで後部座席に女が乗ってたりしたら恐いよなァ…）

とふっと思った。

で、
（ああ駄目だ。そんな事考えると、そんな気がしてきちゃう）
と、慌てて打ち消したものの、
（でも、もしいたら…）
と思うと、ゾクゾクしてくる。
と、
（…⁉）
背後で何か動いたような気がした。
（まさか？）
バックミラーに、目をやると、暗い車内とリアウィンドーの外の闇が映っている。
（ああ、気にせいだ。恐らく外の何かが、リアウィンドーに一瞬映ったんだろう…）
と、視線を戻したその時、後ろで何か動いた。
（えっ⁉）
と、バックミラーを見直したとたん、
（ううっ⁉）
咽の奥で、声にならない悲鳴を上げた。

暗い後部座席に女が俯いて座っている。

肩までの髪の毛に隠れて顔の半分は見えないが着ている服といい、あの彼女だとわかった。

（いつ乗ったんだ？　どこから乗ったんだろう？　まずいぞ。相手はこの世の者じゃない）

ハンドルを握る手がブルブルと震えて、額から噴き出した汗が顔面を伝って、顎から首へと流れ落ちてゆく。

言いようのない恐怖を背後に感じながら、前方の闇を照らしてゆくヘッドライトの明かりの先だけを見ていると、ふっと、あの時のタクシーの運転手の顔が脳裏に浮んだ。

（そうか、青ざめた無表情な顔で前方を見詰めていたのは、恐らく今の自分と同じような状況だったんじゃないだろうか）

と思った。

（でもどうしよう？　このまま気付かぬふりをして運転してたらどうなるんだろう？　クルマを停めて逃げ出すにしても、この辺りには家もなければ人もいないし。そうだ、どこか人のいる明かるい場所へ出たら、チャンスをみて、クルマを停めて逃げよう…）

と、思ったら、無意識にアクセルを踏み込んでいた。クルマがぐんぐんと

この女、いつのまに乗り込んだのか！

スピードを上げてゆく。

と、隣から、

「その先で停めてください」

という女の声がしたんで、思わず横を見ると、隣の座席に彼女がいて、こっちを向いた。

その瞬間、顔の半分を隠していた髪がなびいて、現れた顔は左半分がグシャッと潰れていた。

「うわァァァ――――！」

悲鳴を上げながら、一気にブレーキを踏み込んで、
キィィィ――――！

けたたましい音を立てて、クルマが急停止するやいなや、夢中で車外へ飛び出して、一瞬振り返ってみると、女の姿はなかった。

そのまましばらく呆然としていたんですが、やがて我に返ると、河本さんは闇に包まれた例の交差点に、ひとりポツンと立っていたそうです。

第九話　助監督

これはだいぶ以前にご紹介した話ですから、記憶にある方もいらっしゃることと思います。

それは、ひとつの怪談噺として完結しているんですが、それがどうやら、終わってはいなかったんですね。まだ続きがあったんです。

で、まずは、その事のおこりとなった噺から順を追って話してゆきましょうか。

あれは当時、私がまだタレントをしていて、テレビ、ラジオに忙しく出演していた頃ですから、もうかなり昔の事になりますが、テレビドラマのミステリー作品に出演した時の出来事なんです。

その日の撮影は、羽田空港に近い運河沿いにある、一見すると飛行機の格納庫かと思うような、屋根と壁だけで入口の扉が無い四角い口を開けたままの、とてつもなく大きな建物で行われたんです。

もともとは鉄鉱石やら石炭などを備蓄する巨大な倉庫だったそうで、中は薄暗くてだだっ広い、四階建てくらいの小さなマンションならスッポリ入ってしまうくらいの大きさなんですが、老朽化していて、既に廃墟の状態なんですよね。

屋根と壁は灰色のスレートの波板で、あっちこっち開いた穴から外光が射し込んでいる。

床は土のままで、壁の上の方にあるプラスチックの明かり取りの窓は変色して黄色みを帯びているし、剥き出しの鉄骨の柱や梁や足場はすっかり赤錆びていて、ところどころ腐って抜け落ちてるところもある。

で、ここのシーンは、銃弾を浴びて、白いシャツを鮮血に染めて、仰向けに倒れている男の顔に、カメラが真俯瞰からぐーっと寄って、表情をアップで、目を閉じて絶命すると、カメラが静かに引いてゆく……

と、次第にガランとした薄暗い周囲の空間が映っていって、地面に横たわる男の死体がポツンとひとつ残って〝カット〟と、いうもので、監督が、セカンドの助監督に
「政、あの屋根の穴から、カメラ俯瞰《ふかん》で撮りたいから、人が乗れるかどうか上がって見て来い」

と言うと、

「はい！」

気持よく返事をして、彼が赤錆た鉄骨の足場を登っていった。

で、この助監督には序列があって、三人いれば、ファースト、セカンド、

サードと格付けされて、ファーストが一番上で、演出の手伝いもするんですが、セカンドは駈《か》けずり回って、雑務をこなすんですね。

ま、業界では助監督を助監のだれそれといった言い方をしますが、この助監の彼は撮影が好きで好きでたまらないといったふうで、いつも楽しそうに実によく働く若者で、監督からも重宝がられて〝政！　政！〟って名指しで呼ばれてるんですね。

で、カメラ、照明と次の段取りをしていると、

「監督ゥ…すいませーん！」

上から声がして、見上げると、はるか上の屋根の破れた穴のひとつから彼が顔を出して、

「どの穴ですかァ？」

と聞いてきたんで、監督が、

「おまえから見て、もう少し右！　もっとこっち！」

と言うと、

「はい！」

と返事があって、間もなくして、

「この辺りですかァ？」

と、声を掛けてきた。

監督が見上げて、

「オイ！　そこ大丈夫かァ？　カメラ持って上がれるか？」

と、聞くと、

「ハイ」

と答えて、
と言うと、

「そうだな…男が倒れてるのがこの辺りになるから、その右隣りにある穴の方がいいなァ…」

「はい！」

と返事をして、彼が躰を起して横に移動したとたん。

バキッ　バリバリンッ…バッキーン
凄まじい音と共に屋根が破れて、赤錆びた鉄骨の梁が〝ボキン〟と折れたかと思うと、頭上から土埃が降ってきてスレートの破片と一緒に彼が落ちて来た。

ガッシャーーーン
という音がして、それはもう、あっという間のことで、運悪く下には、赤錆びて朽ちた鉄骨の残骸がひとっところに集められて放置されたままになっていて、彼は鋭利に切断された鉄材の先で顔面をざっくりとえぐられた。

その瞬間、片方の眼球が飛び出して、穴になった眼窩から、真っ赤な血の泡が、ブクブクと噴き出して、全身がピクピクと痙攣している。

流れ出した血が、見る見る彼の周囲を赤く染めてゆく。

悲鳴が上がって、失神した女性スタッフがバタンと倒れた。

恐怖の余り立ちすくんでいる者もいれば、ただ闇雲に慌てふためいて騒ぐ者もいる。

「布、持って来ーい！」

と、叫ぶ声がする。

どうにか血を止めようとするんですが、とても手が付けられるような状態じゃない。

サイレンが聞こえて、救急車が到着すると、制作の人間がひとり付き添って、彼は搬送されたんですが、跡には生々しい鮮血が大きな血溜りを残していて、それがきれいな赤い色をしているのが、ことさらに恐怖を煽って、

（人の躰にはこんなに血があるのか）

と妙な感心をしたりしていると、救急車の走り去った跡に台本が落ちているのを見付けたスタッフが拾い上げて、

「政のだ」

と、呟くように言った。

この惨状を目《ま》の当りにしてしまったその場の誰もが青ざめた顔で無言のまま、ただ呆然として、次の行動をとれずにいた。

こうなるともう撮影どころの騒ぎじゃない。

出演者にしてみても、演技に集中出来るような精神状態ではない訳で、このまま続行するのは、到底無理だということで、撮影は中断されて、このシーンは後日改めて、ということになったんですが、そんなところへ、彼が救急車で搬送中に死亡したという連絡が入って愕然とした。

重苦しい空気の中で、制作の責任者から、

「あってはならない事が起ってしまいまして、将来ある若者が命を落してしまいました。やる方ない思いですが、まずは彼の冥福を祈ります。

それで皆さんにお願いがあるんですが、今後の撮影に影響がないように、今日、この現場に居合せた我々以外の出演者およびスタッフの方達には、助監督が死亡したことはいずれわかることですが、しばらく伏せておいていただきたいんですが」

という旨の御達しがありまして、翌日は急遽、撮休になって、仕切り直して翌々日から再開されたんです。

で、事故後最初の現場というのが、取り壊されることになっている病院だった建物の長い通路を使って、闇の奥から人物が歩いて来るシーンからで、

起きてしまった悲しい事故…それを乗り越え撮影は続くが……

外光を遮《さえぎ》るために建物の外壁は暗幕で覆われた真っ暗な屋内に、監督が懐中電灯を手にひとりで入って行って、状況をイメージしながら、カメラアングルやらカット割りの段取りを、誰に言うともなく、声に出して確認しながら歩いてゆく。

「まず通路の奥の闇の中から現れるところを、距離をとって、この辺りからレール敷いて、メラ下から人物あおって移動だな…」

と、後ろから誰かついて来ているのに気がついて、

「このカットは闇の奥からさ、次第に姿が現れてくるところを、距離をおいてカメラ固定でな。通路込みだから、実際に覗いてみて位置決めするから」

と言うと、

「……」

返事がない。

「で、次のカットで、この辺りからレール敷いて、人物の歩きをカメラ下からあおって、エストかバストアップで天井を背景で移動だからな」

と話し掛けるように言ったんですが、

「……」

やっぱり返事がない。

でも背後で人の気配はしている。

（何か変だ）

と思った。

で、それとなく背後に目をやると、懐中電灯から洩れるかすかな明かりで、闇の中に立っている人物の輪郭が見えたんですが、

（おかしい。この真っ暗な中で明かりを持ってない…）

ただその背恰好といい体形といい、

（…まさか？）

と思ったとたん、背筋がゾーッとした。

で、思い切って、

「誰だよ！」

と言いながら懐中電灯を向けると、

「ううっ！！」

一昨日死んだ助監督の政が、表情の無い顔で自分を見ていた。

「うううーっ！」

声にならない悲鳴を上げながら、ただもう一目散に駆け出した。

でも、このことは誰にも言わないでおいたんですね。

というのも、彼が死亡した原因の究明が行われていて、制作の責任者が、過失の有無についての警察の事情聴取を受けていたことと、彼を屋根に上

がらせた張本人は自分ですから、自分自身を嘖《さいな》んでいたためで、やがて気持が落ち着いてくると〝恐らくその罪の意識が、彼の幻覚を見せたんだろう〟と思うことにしたんですが、セッティングが済んで撮影に入ると、スクリプターというんですが、記録係の女性が青ざめた顔で監督のところへやって来て、小声でボソッと、

「気が付いてます？　政ちゃんついて来てますよ。私、見たんです」

と言った。

とまあ、そんな出来事があったものの、全てのシーンを撮り終えたところで、最後に後回しになっていた例のシーンの撮影になったんですが、事故現場の巨大な倉庫にひとりを除く、あの時の全員が揃うと否応《いやおう》なしに凄惨な光景が脳裡《のうり》によみがえってくる。

で、始めの場所から距離をおいて、上からの俯瞰はやめて、血に塗《まみ》れて倒れている俳優さんに、カメラが静かに寄っていって、顔がアップになったところで、虚ろな目を閉じて絶命するというようにかえた。

で、俳優さんが位置について、

「もろもろよろしければ、本番いきまーす！」

と、声がして、照明が入って、カメラさんがファインダーを覗いて構えた。

と、

（ん⁉）

仰向けに倒れている俳優さんの、血に染まったシャツに、

…ポタッ…ポタッ…

と赤い滴が落ちてくる。それが俳優さんの顔にポタっと落ちて…

「ハイ、ヨーイ！」

監督の声が掛かっとたん。

「うわァァァ――――！」

悲鳴が上がって、俳優さんが物凄い形相《ぎょうそう》で震えながら真上を指差したんで、見上げると、はるか上の屋根に開いた穴から、血塗れの助監督が覗いていたんで、

「キャ――――っ！」

「うわァ――――！」

と、もうその場が混乱状態になってしまって、しばらくして、皆が我に返った時には、彼は消えていた。

ただ中には、あの時と同じ現場で恐怖を共有した同士が一種の集団催眠に陥《おちい》って見えたような気がしたんだ。

という人もいましたが、恐らくは自分がかかわった作品の最後の撮りを見届けたかったんじゃないでしょうかね。

というところで、話はここで終わったんですが、それから二、三ヶ月程して、このドラマに一緒に出演した俳優のNさんと偶然NHKで会ったんです。

「あっ、そうそう。あの撮影で大怪我したって聞いた助監督の政くんっていったっけ。よかったねェ、すっかりよくなったんだねェ」

って言うから、

「えっ⁉」

って聞いてみたら、

「この間、別の撮影現場で彼、見掛けたんだよ」

って言うんですよね。

Nさん、彼が大怪我をしたということは聞いていたようですが、死んでることは知らないんですね。

で、この時は、誰か別人と見間違えたんだろうと、さほど気にはしなかったんですが、これには後日談があるんです。

もう四、五年ほど経ちますかね、私に恐怖作品の出演依頼があったんですが、撮影が四月の後半頃になるというんで、例年、四月からは夏のツアーの準備に入るし、五月末辺りから七月の本番ぎりぎり前までキャンペーンで、各地をまわってラジオ、テレビのゲスト出演に、雑誌、新聞のインタビュー記事やらと、慌しいスケジュールに追われるんです。

とても撮影の時間はとれないので、

「申し訳ありませんが……」

とお断りしたんですね。

この作品には私と親しい俳優さんが出演しているんですが、その撮影が終わると、彼から、

「あんたに見せたいものがあるから」

って、連絡をもらったんですよね。

幽霊が映像に写ってるって言うんで、そりゃもう好奇心をそそられて、機会をみて彼と会ったんです。

それは、所属するプロダクションのスタッフが個人的に撮影風景を撮ったもので、映像を見ていたら、偶然発見したということなんですね。

で、パソコンの画面で見せてもらったんですが、場所は、静岡県と山梨県とをまたぐ、なだらかな山裾《やますそ》の昼間の原生林の中で、現場へ移動中の出演者のふたりと、スタッフ三人が登って来るのを、手前の少し高い位置から俯瞰ぎみに撮ったものなんですね。

で、五人が近付いて来ると、一番後ろから来る若い男性スタッフが、突然フッとふたりに分かれたかと思うと、一方がスーッと画面右手にフレームアウトするんですが、五人ともその人物の存在に全く気付いていない様子で、

パソコンのモニターに映し出された映像。そこには…

ふたりに分かれた当の男性スタッフも、普通に歩いてる。

「何これ⁉」

で、見直してみると、一番後ろの彼の後ろにも、近くにも誰もいないし、隠れる場所もない。

それが、細い木々の間を登って来ると、突然脱皮でもしたかのように、フッと彼からもうひとりが抜け出て画面右に消えてゆくんですが、その人物は服装も体格も違う別人なんです。

「これ間違いなく幽霊だよ。この若いスタッフと何か関係があるのかな。ねえこの人は何の担当？」

と聞くと、

「ああ、助監だけど」

って言うんですよ。

で、幽霊をもっとよく見たいんで、部分を拡大してもらって大写しになった彼が木の間を抜けると、フッと彼からもうひとりが現れた。

とたん、余りの驚きで思わず躰が仰け反った。

何と幽霊の正体は、あの政という助監だったんです。

で、もしやと思ってこの作品の監督を聞いたら、あのミステリーの監督だったんですよね。

彼は今も撮影に同行してるんですね。
その後、彼の追善供養《ついぜんくよう》が行われたと聞きました。

第十話　お兄ちゃんの指輪

ちょっと軽いやつで、ちょっと面白い話をしましょうかね。

私の友人で、私の話にもちょくちょく出てくる、元Jリーガーの山田さんという人なんですがね。

この人の子供の頃の話なんですよ。

彼、幼い頃、おばあちゃんのうちへよく遊びに行ったんだ。

で、このおばあちゃんという人は、自分の家の敷地にアパートを建ててね、そのアパートの収入でもって生活してたんですね。

彼は、遊びに行くと楽しみがあった。

どういう楽しみかというと、このおばあちゃんのアパートに、まだ幼稚園にも上がらないような小さな子供のいる若い夫婦がいたそうなんです。

若夫婦の旦那さんのほう、この人がとっても山田さんをかわいがってくれた。

山田さんもこの人になついてたんですね。

この人はっていうと、山田さんは、

「お兄ちゃん、お兄ちゃん」

って呼んでいたそうです。

この人、土木作業員をしている人で、学生時代からラグビーをやってる筋肉隆々の、プロレスラーのような大きな人だったそうです。

そして山田さんに、毎回、面白い話をしてくれたり、遊んでくれた。

これはその時の話なんですが、このお兄ちゃんという人が、仕事が終わって、その日、

「おい、飲みに行こうや」

って仲間とみんなで飲みに行った。

相当、量飲めるんだそうです。

酒が強い人で、体も大きいから、ガンガンガンガン、何だか知らないが気分よくて相当飲んじゃったらしいんだ、その日。

さすがにどうやら酔っぱらっちゃって、まあいい気持ちになって、

「じゃあな」

ってんでみんなと別れた。

別れて、道を歩いてた。

ふだんだったらなんてことないんですが、その日、本当に量も飲んだろうし、どういうわけだか意識が朦朧《もうろう》とするほど酔ったので、

（なんか、どこかでもって、ひと息入れたいなあ）

と思いながらね、歩いてた。

しばらく歩いていくと、向こうの方にまだでき上がってない建設中の民家があった。

「ああ、家つくってんだなあ」

と思ったので、

「あ、あそこでちょっと休んでいくかな」

と、その家へ行った。

夜でもう暗いわけですから、中へ入っていくと、奥のほうに部屋がある。畳を入れる前の板を張った状態になってたので、

「あ、ちょうどいいや。ここなら」

と、人にも見られないしと思って、勝手に上がり込んで、ゴロンと横になった。

辺りは真っ暗でシーンとしてる。時折、気持ちのいい風が吹いてくる。ついつい気持ちよくって、酔っぱらってるもんですから寝ちゃった。

と、時間がどのぐらいたったかはわからないんですが、何だか急に息苦しくて、

「う——っ！」

目が開いちゃった。息ができない。

「うー、うぉ――――っ！」

（何だ？）

と思って首に手をやった。

と、冷たい手に触ったので
「えっ！」

びっくりして目が覚めた。

「うぇっ！」

その手が、自分の首をグーッと絞めてる。

「うーーっ」

苦しい。夢中でその手をグッとつかんで、お兄ちゃん、体の大きい人で力がありますから、力任せに思いっきり首からはがした。

自分はものすごい力で手をつかんでるのに、なんと手の中からズルッ、と抜けてったという。

で、恐くなって、建設中のその家から飛び出した。

「うぉっ！　うぉ――っ！　びっくりした！　うぉ――――っ！　気持ち悪い――っ！　なんだったんだ、今のは！」

って思いながら二、三歩歩きかけた。

ただ、手はぎゅっと握ったままだった。

建築中の家で寝てしまった〝お兄ちゃん〟…

「あれっ？」

手の中に、何か固い物がある。

「何だろう？」

そう思ってひょいっ、と開いてみたら、手の中に指輪があったそうです。

それでね、その時におにいちゃんは、小さな山田さんに、

「ちょっと待ってろよ」

って言って、部屋の中からね、

「ほら、これがその時の指輪だよ」

って見せてくれたって言いますよ。

それは、

「赤い石のついた、古ーい指輪でしたよ」

って、山田さん言ってましたよ。

面白い話って、あるもんですねえ。

第十一話　湯治場

東北の短い夏が過ぎて、刈入れを終えると開催される、秋祭のイベントに参加した、男女五名の若者のグループが、その帰りに、昔、湯治場だったという鄙《ひな》びた温泉があると聞いて、話の種に寄ってみようか、という事になった。

五人が一緒に、ワンボックスカーで移動してますから、その足で行ってみると、それは、山間《やまあい》の寂れた古い温泉宿で、何とも風情がある。

で、予算の都合もありますから、男三人、女ふたりが、ふたつの部屋に分かれて一泊する事にしたんですが、宿の人に、

「湯治場が、どういう所か興味があってお邪魔しました」

と言うと、

「そういう事でしたら、昔、湯治客が逗留していた別棟があって、建物は大分古いんですが、掃除はしてありますから、よろしかったら、そちらも使ってくださってかまいませんよ」

と、言ってくれた。

それはありがたい。正に願ったり叶ったりで、何しろ、湯治場を知らない

世代ですからね。

と、女の子ふたりが、

「泊まれるようなら、そっちに泊まってみたいね」

と言い出した。

仮にふたりをK子さんとU子さんとしておきましょうか。

で、早速どんな様子か見に行ってみたんですね。

母屋から渡り廊下を行った先、峡谷の流れの崖っ縁に沿って、古い木造平家の細長い建物があって、歩くと、ギィ…ギィィ…と軋《きし》んだ音を立てる暗い廊下に面して、四畳半ひと間の畳の部屋がひとつ、ふたつ、三つ、四つ、五つ、六つ、あって、

(!?)

一番奥の部屋の前に、宿のスリッパが一足、きちんと並べて置いてある。

(ああ、泊り客がいるんだなァ…)

と思った。

で、廊下を挟んだ向かいに洗面台が並んでいて、その脇の入口を入ると炊事場があった。もう永い事、使われていない事は、ひと目でわかる。

昔は湯治客同士がお喋《しゃべ》りしながら、自炊していたんでしょう。

そんな事を思うと、当時の様子が目に浮かんでくる。

鄙びた湯治場。かつては多くの湯治客で賑わったのだろう…

そうして、ふたりの部屋がそれぞれ決まったんで、男連中に手伝ってもらって蒲団を運び込むと、K子さんが畳に腰を下ろして、室内を見回してみた。

古い塗壁に、色褪《あ》せた襖紙、押入れがあって、黒ずんだ天井から下がったコードに笠のついた電球がある。

で、清流の流れの音だけが聞えてくる。

（…ああ、何十年も変らないままなんだろうなァ。その昔、ここへ泊まった人も、同じ情況で、同じ物を見て、同じ音を聞いていたに違いない…）

で、視線を畳に移すと、

（ん⁉）

床の中央がわずかにへこんでいる。

老朽化という事もあるんでしょうが、誰もが同じところに蒲団を敷いて休んだんで、その所だけが少し沈んだんでしょう。

そんな事をあれこれと思いめぐらしているうちに、やがて夕食の時刻になって、母屋《おもや》の方で全員揃って、にぎやかな晩ご飯になった。

ワイワイと楽しい時間が過ぎてゆく。

そうして食事を終えてひと息ついているところへ、K子さんが来て、

「U子ォ、寝る前にお風呂行かない？」

と誘うと、U子さんが、

「先に行ってて、あとから行くから」

と言うんで、K子さんがひとり洗面用具を抱えて、別棟の暗い廊下を軋ませながら、その先の二、三段の低い階段を下りて、少し行ったところを右に曲ると、女湯があった。

暖簾《のれん》をくぐると、板戸があって、
ガガガガ、ガガ……

渋い音を立てて開けると脱衣場で、薄暗い明かりの灯るその下に、浴衣の入った籠がある。

（…先客がいるなァ…）

で、少し離れた所で浴衣を脱いで、…ガラス戸を
カラカラカラカラ
開けて浴室に入ると、立ち上る湯気の向こうに、ぼんやりと人影がみえた。

桶で、湯を汲んで、ザーッと躰を流してから、

「失礼しますゥ」

と、ひと言ことわって、湯船に入ってゆくと、四十絡みの肌の白い痩せぎすの女性が、会釈して迎えてくれた。

「地元の方ですか？」

と聞くと、

「ええ」

と頷いたんで、

（あっ、もしかするとスリッパが脱いであったあの部屋の人かな？）

と思って、

「あの、別棟にお泊りですかァ？」

と言うと、

「ええ、持病があって湯治に来てるんですよ」

と答えた。

「そうですか、皆さん湯治にやって来て、病気や怪我の治療をされて帰られるんですね」

と言うと、

「ええ。…でもねェ、中には気の毒な人もいてね…もうだいぶ昔の事になるんだけれど、仲のいいご夫婦が、この湯治場にやって来て、奥さんは不治の病を抱えていてねェ。医者には匙《さじ》を投げられて、最後の望みがこの湯治場だったのね。

そうして日が経ってゆくんだけれど、一向によくなる兆《きざ》しが見えないし、日毎にやつれてゆくのは傍目《はため》からもわかる程で、これはもう、治る見込みはないと、生きる望みを失ったふたりが『それならいっそここで心中しよう』

と、当時の農家だったらどの家にもあった殺鼠剤、猫いらずを奥さんが飲んだ。

　と、そりゃもう七転八倒、踠《もが》き苦しんで、口からカーッと血を吐きながら、『…後生だから、ひと思いに死なせてちょうだい！』と訴える。

　見かねた亭主が、炊事場から出刃包丁を取ってくると、『許してくれー！勘弁してくれよォ！』と、泣きながら叫んで、女房目掛けて、切っ先を立てるんだけど、躰がぶるぶるぶるぶる震えていて手許が定まらない。あっち突き刺したり、こっち突き刺したり、躰中滅多刺し。

　飛び散った血が辺りを真っ赤に染めてね。そうして奥さんが息絶えると、自分は部屋の畳を上げて、床板を外して、床下の土の上に亡骸を横たえて、自分は峡谷の流れに突き出した枝に首を吊って後を追ったの。そりゃあ酷い死に方でしたよ。

　この峡谷の流れは、昔からあの世に続いていると言われていてね。雪が降ると、黄泉の国から亡者達が、この湯治場にやって来るの。ここにはねェ、怨霊がいるの…」

　と言うと、湯から上がって、立ち上る湯気の向こうへ消えていった。

　その時ふっと、柑橘《かんきつ》類のような甘酸っぱい香りがかすかに漂って、

（これは薬か何かの匂いだろうか？）

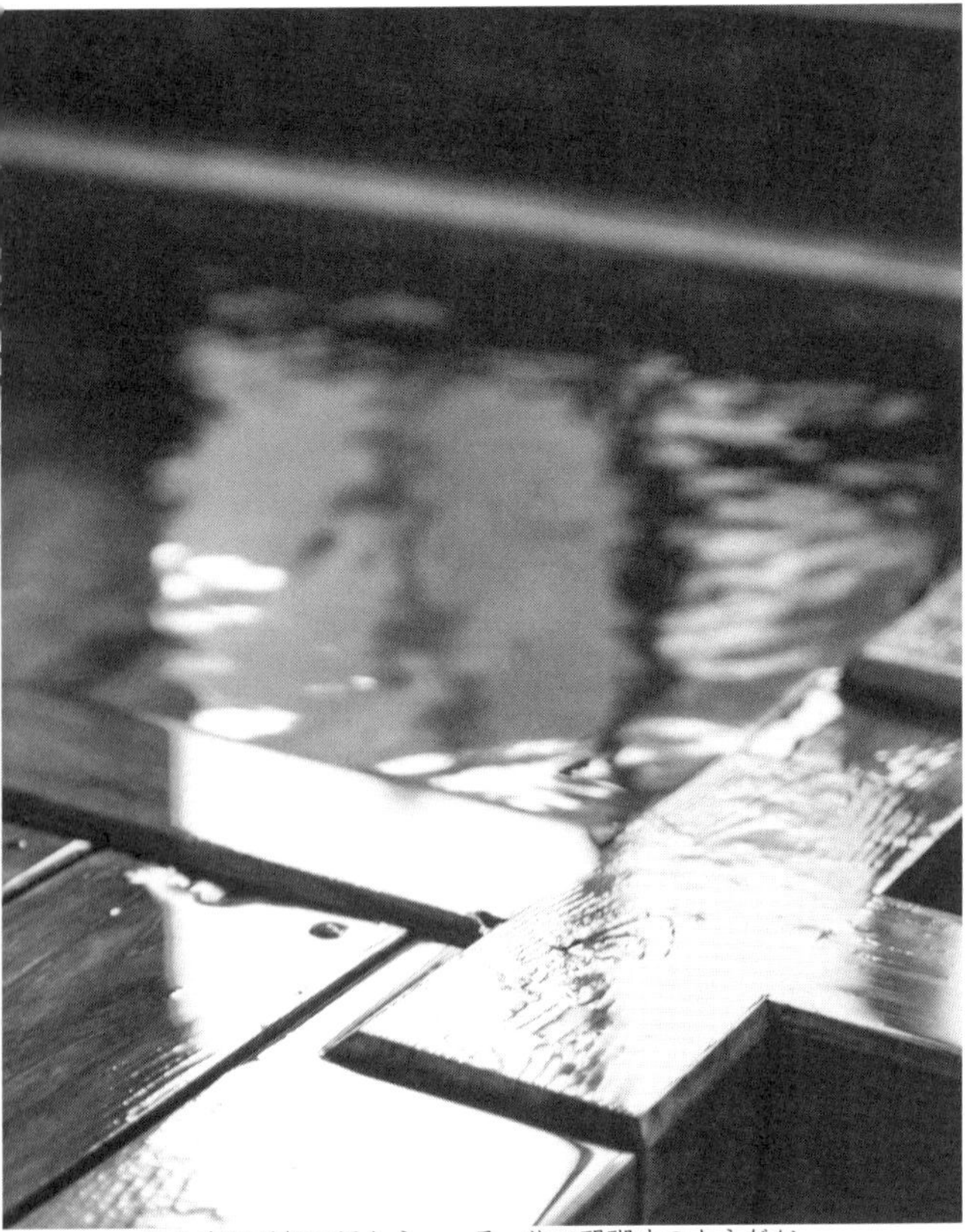

湯治客と湯船で語らう。一見、旅の醍醐味のようだが…

いてたんで、

で、風呂から上がって戻って来ると、洗面台に向かってU子さんが歯を磨

と、思った。

「U子ォ…あんたお風呂来なかったねェ…」

と言うと、

「行ったよ。今、上がったとこ」

と答えた。

「行ったって、どこのお風呂?」

「うん?　母屋のお風呂」

そんなやり取りがあって、

「じゃ、お休み!」

と、K子さん自分の部屋に入って、畳に腰を下ろした。

天井から下がった電球の黄色みを帯びた明かりが、辺りを照らしている。

(ああ、懐かしい明かりだなァ…)

と思った。

ザザァァァ…

峡谷の流れの音が聞えてくる。

と、

カタカタ…カタカタカタカタ…カタカタ…

（…ん⁉）

押入れが鳴ってる。

（隙間風でも吹き込んで来るのかな？）

襖を開けて見ると、二段になっている押入れの暗い下の段に、折り畳んだ卓袱台と、その傍らに、小さな鏡台があった。鏡の部分に着物柄の布が被せてあって、

（あーこれ！　お婆ちゃんちにあるのと、おんなじだァ…）

と、何気なく引出しを開けてみると、

（あれ⁉）

中に朱塗りの櫛《くし》が入っていた。

それは髪を梳《と》かす櫛というよりも、髪飾りの櫛のようで、湯治客が置き忘れていったものらしい。

取り出して自分の髪に挿《さ》すと、どんな具合いか見てみようと、鏡台を押入れから出して、布を捲《まく》ると、

（あれ⁉　鏡が無い…）

鏡のまわりの枠の部分と裏板はあるんですが、肝心要の鏡が無い。

（何？　何で鏡が無いのに布を被せてある訳？）

と思ったら、何だか妙な寒気を感じて、引出しに櫛を戻すと、鏡台を部屋の隅に押しやった。

（さあ寝よう…）

蒲団を敷いて、明かりを就寝用の豆電球に替えると、ごろんと仰向けに寝た。

小さな明かりがわずかな周囲を照らしている。

笠から上の、明かりの届かない天井部分が陰になって闇をつくっている。

流れの音を聞きながら、ぼんやりと豆電球のあかりを見詰めているうちに、部屋の中がひんやりとしてきた。

東北の深まる秋の肌寒さに、掛蒲団を肩の上まで引き上げようと引っ張ると、

（あれ⁉　持ち上がらない）

まるで蒲団の端を、踏まれているような感じがして、力を入れて引くと、ズルッと動いた。

その瞬間、仰向けに寝ている自分の顔を、風がスーッと撫でていった。

（えっ、何⁉）

驚いて周りを見たんですが、四畳半一間の狭い部屋には隠れる場所も無ければ、何も無い。

あるものといったら、頭の横の壁際に置いた自分のボストンバッグと、足元近くの、部屋の隅へ押し遣られた、小さな鏡台だけ。

と、視線を向けると、

(ん⁉)

鏡台に掛かっていた布が捲れあがっている。

(…おかしい。自分はちゃんと鏡に布を被せて、部屋の隅に押しやったんだから、どうして捲れたんだ？　誰が捲ったんだろう？)

と、思ったら気味が悪くなって、布を元通りに被せようと、上体を起して腕を伸ばしながら、ぐーっと躰を屈《かが》めると、布で上半分が隠れた鏡に自分の顔の下半分が映り込んだ。

で、布を掴もうとすると、その瞬間、布がズルズルッとひとりでに滑り落ちて、鏡を隠した。

(えっ⁉　何？)

自分は何もしていないのに、

(嫌だ嫌だ、ちょっと嫌だァ！　何でそうなる訳！)

と、次の瞬間、ハッと気付いた。

(あれ⁉　おかしい。布がひとりでに被さる前、自分の顔の下半分が映った。ありえない、そんな事。だって鏡台には鏡が無いんだから。

という事は、あれは私の顔が映ったんじゃなくて、鏡台から別の誰かが私の事を見てたんだ！　ううーっ、もう駄目！　いられない！）

で、蒲団から出ようとすると、別の冷静な自分が引き止めて、

（違う、違う…それは豆電球の明かりをずっと見ていて、急に部屋の暗い隅にある鏡台に目を向けたから、光の残像が顔に見えたんでしょう…）

と、言う。

「…そうかな？　でも確かに顔を見たような気がする…」

（それは顔の下半分で、目まで見えた訳じゃないし、鏡台に何か映って見えれば、顔を連想するんじゃない）

「…うん、…そうかも知れないなァ…」

と、まあ、自問自答の結果納得して、

（明かりを見てたからいけないのかァ…）

で、目をつぶって、流れの音を聞くうちに、眠りに就いたんですが、それが夜中を回った頃にふっと目が覚めてしまった。

（……!?）

で、寝直そうとするんですが、一度起きてしまうと、これがなかなか寝付けない。ゴロン、ゴロンと寝返りを打ってみたりして、

「…駄目だァ…眠れない…こうなったら…」

で、横向きに寝て、目を閉じて、そのままじっとしていれば、そのうちに眠ってしまうだろうと思ったんですが、寝るともなく、起きるともなく、時間が過ぎていって、

（んっ⁉）

左を向いて寝ているんで、右肩に掛蒲団が乗っているんですが、それがすーっと軽くなった。

（…えっ⁉）

蒲団が持ち上がってゆく、

（…何⁉）

掛蒲団が捲られてゆく。

（嫌だ嫌だ。…恐い！）

部屋の空気がわずかに入ってきて、蒲団の中が、ひんやりとしてきた。

が、それ以上に躰が冷えていくのを感じた。

（ううーっ、助けてェ…お願い助けてください…）

と、誰かが蒲団に入ってきた。

（えっ、何っ⁉　U子かァ…ひとりで寝るのが恐くて、私の蒲団に入ってきたんだなァ。人を脅かして…）

「もう、あんた恐がりなんだからァ！」

って言ったんですがね、黙ったまま返事が無い。

で、横向きに寝ている自分の背中に躰をぐっと寄せてきた。

（ああ、寒いから躰をくっつけてきたんだなァ…）

と、なおも躰を押し付けてくるんで、

「ああ、もう…ちょっとォ、やめてよねェ！」

と言ったんですがね。黙ったまま返事が無い。

（あれ⁉　何かおかしい…）

その時ふっと気付いた。

自分の方が上背があるのに、寝ている自分の足より相手の足が下にある…

（えっ⁉　違う…これ違う…U子じゃない！　誰？）

相手がなおも身体を背中に押し付けてくる。

（こっ、この人冷たい！）

と、次の瞬間、氷のように冷た指が、肩口をぐっと掴んだかと思うと、寝ている自分の身体の向きを変えようとしてきた。

仰向けになったら相手の正体を見てしまう。

必死に抵抗するんですが、恐怖で躰が凍り付いてしまって思うように動かない。

次第に躰が仰向けになってゆく。で、目をぎゅっとつぶった。

グイグイと背中を押し付けてくる……いったいこれは…

と、不意に脇腹に〝ドン〟と何かが当たって、思わず目が開くと、仰向けになっている顔の上に、豆電球の明かりで逆光になった黒い女の顔の輪郭があって、ぐーっと自分を覗き込んできた。

とたんに、

「ギャ――――ッ！…」

意識が遠のいていった。

その遠のいてゆく意識の中で、かすかな柑橘類のような甘酸っぱい香がした。

そうして、目が覚めると朝になっていた。

「…あーっ、何か嫌な夢みたなァ…」

で、起きて顔を洗って支度して、

（そうだ。あの女の人に挨拶していこう…）

と、奥の部屋の前まで行って、

「あのォ…お世話になりましたァ。私達帰りますからァ！」

と、声を掛けたんですが返事が無い。

（ん⁉）

見るとスリッパもないし、

（あれ、先に帰っちゃったのかなァ？）

で、もう一度襖越しに、

「お世話になりましたァ！　ありがとうございましたァ！」

と、挨拶したんですが、シーンと静まり返って、物音ひとつ聞えてこない。

で、襖を開けてみると、薄暗い室内に、人の姿は無くて、次の瞬間、目に飛び込んできたのは、

（えっ⁉　この部屋、床がない！）

畳も無ければ、床板もない。床下の剥き出しになった土の上には、燃え止しの線香が散らばっているだけ。

（この部屋なに⁉　何でこんな事になってるの？こんなところに泊まれる訳がない）

と、昨夜、女の人が聞かせてくれた話を思い出した。

（もしや、心中した夫婦の部屋というのは、この部屋だったんだろうか？）

で、同時にある事が頭をよぎった。

（…まさか？）

部屋を飛び出して、女湯にやって来ると、暖簾は無いんですが、板戸が閉まっていて、開けようとすると、すんなりと開かない。

（昨夜は楽に開いたのに…）

で、力を入れて引くと、

ガガッ…ズズッ　ズ――ッ…
擦れた音を立てながら開いて、暗い脱衣場があった。
その先のガラス戸を
ガラガラガラガラ
と開けて、ぼんやりと射し込む外光の薄明りで、浴場に入ってゆくと、
（うわっ！）
突然、目の前に大きな蜘蛛の巣があって、吹き込む風で揺れた。
で、湯槽をのぞくと、…空っぽで、一滴の湯もないし、使われた様子もない。
（…昨夜、確かにあの女の人と一緒にお湯に浸かったのに…）
視線を洗い場に移すと、一面厚い埃に被（おお）われていて、そこに足跡が残ってる。
（あっ、おんなじだ！）
で、試しに自分の片足を上げて見比べてみると、
それは自分の足跡だった。
（えっ？　どういう事？　どうなってんの？）
と、その時ふっと、あの女の人が言った、
『…ここにはねぇ…怨霊がいるの…』
という言葉を思い出して、ゾーッとした。帰りに宿の人に聞くと、昨夜の

泊り客は自分達五名だけで、湯治客はひとりもいないという事だった。

刈入れを終えた東北のかつての湯治場に、珍しくやって来た若者達が、眠っていた霊魂を起してしまったのかも知れませんね。

第十二話　入院患者

私の古くからの友人が、

「怪談っていうのは、怪談噺の中だけと思っていたらそうでもないんだね」

って言うから、

「どうした？　何かあったのかい？」

と聞くと、

「ああ、私の姉の話なんだけどさ…」

と語ってくれたんです。

それは福島に住んでいる、この人のお姉さんが体調を崩して高齢ということもありますから、大事を取って地元の病院に検査入院することになったんですね。

といっても、わずかな期間なんですが、まあ家族が顔を出したり、友人が見舞いに来るだろうから、他の入院患者に気兼ねしないで済むように、個室にしてもらった。

それなら普通にお喋りしたり笑ったり出来ますからね。

で、もともと健康には気を使う人で、散歩を日課にしてましたから、病院

内をゆっくり歩いて、自分の病室に帰って来ると、

（あら⁉）

げっそりと痩せ細った小柄な老婆が部屋にいて、ベッドに腰を下ろして休んでるんで、

「こんにちは！」

と、声を掛けたんですが、全く何の反応もない。

と、そこへ看護師さんが来て、

「すいません。このお婆さんは、最近までこの病室だったんで間違えたんでしょうね」

と言って、老婆を連れていったんですね。

さて、そんな事があってから四日程経った深夜のこと。

何かの気配で、ぼんやりと目が覚めた。

とうに消灯の時刻を過ぎてますから、病棟はシーンと静まり返って物音ひとつ聞えてこない。

室内は、小さな非常灯がひとつ、ついただけの薄暗闇なんですが、それにしても、目の前がやけに暗い。

（ん⁉）

そうじゃない。仰向けに寝ている自分の顔の上に何かある。

暗闇の中、あの老婆が来ている。また、病室を抜け出したのか…

（何だろう？）

暗くてよくわからないんですが、じーっと見ていたら、それは自分を覗き込んでいる顔だったんで、びっくりして、

「うわァ！」

と思わず声を上げた。で、慌ててナースコールを押すと、相手がスーッとベッドから離れて病室を出て行ったんですが、なんとその人物は、この間、この部屋でベッドに腰掛けていたあの老婆だった。

と、そこへ入れ違いに看護師さんが来たんで、

「すいません。目が覚めたら、ほら、この間、このベッドに腰掛けていたあのお婆さんが、私の顔を覗き込んでたんでビックリしちゃって。たった今、あなたと入れ違いで出て行ったところだけど…」

と話すと、

「ああ、そうですか。あのお婆さんは、もうそろそろだろうという事で、病室が変ったんですけどね。二日前に亡くなったんですよ。今日あたりお葬式じゃないかしら…」

と言ったんで、

「えっ⁉　それ本当ですか？　あのお婆さん二日前に死んでるんですか？　じゃ、今のは生きてる人じゃなかったの？」

今度は本当に恐くなって、

「すいません。あのお婆さんがまた来るといけないから、病室かえてくれませんか、お願いします」

って頼んだそうです。

第十三話　台灣の心霊

ずいぶん前になるんですがね、テレビの取材で台湾に行った。『心霊探訪』に出掛けたんですよ。

あちらにはねえ、Hというテレビ局があってね、そこでやってる『心霊の番組』が、高視聴率を取っているって言う。

で、一緒に行動を共にして、番組を作ろうと、そういう話になったんですよねえ。

心霊スポットへ行く事になった。

大雑把に言って、行く所は二か所。

まずひとつ目の所は『シンハイ』とか言う所で、「死者の街」なんだそうだ。

車でずーっと行った。盆地のような所、低い山がずっと囲んでいるような所をですね。

あちらには、あんまり、いわゆる樹木が無いんですよね。

代わりに、亜熱帯風の草が、びしっと生えている。

そこに、凄まじいぐらいの数のバンガローが、建っているんだ。

カラフルな家でねえ、みんな。

で…、そこがみんな「死者の家」なんですよねえ。

その地域というのは、生きて生活している人よりも、死んで家に「住んでいる」人の方が多い訳です。

そのバンガローというのは、実はお墓だったんですね。

そのバンガローのようなお墓は、中も全部、家のようになっている。

で、あちらは土葬が多かった訳ですから、一旦は土葬にして土に埋めるんですが、何年かしたら掘り起こして、壺に入れて、バンガロー墓に置いとく訳だ。

「皆が中で仲良く暮らしているんだよ」

って言うんです。

言わば、黄泉の国のようなものですよねえ。

で、私らも、そこに行った訳です。

季節は、冬だった。

大きな豚が、すっと目の前を通る。

「お、すげぇなあ、大きいな」

辺りは、全部、バンガロー。

で、その間を縫って、私、いろいろ辺り、歩いてみた。

案内してくれたのが、そのH局の人で、途中で、こう、下り坂にあったような、小さな切り通しのような道がある。

そこに、入って行ってみると、そこそこ立派な道が続いている。しばらく行くと、行き止まり。

で、ひょいっと見るとそこにね、洞窟のようなものがあった。

(あ、洞窟だな。ここ、入ってみたいな)

ってなった。

丁度大人が立って歩けるような高さの、人が造った洞窟だ。レンガ造りでもって、コンクリートで固めてある。

その壁の所に、

「日本軍用」

ってある。

どうやら、戦争の時に日本軍が造ったものらしく、中に、色々あるようなんですね。

で、中へ入ろうとしましたらね、一緒にいた、台湾の霊能者の女性が、

「入っちゃいけない」

って言うんです。

「こっから先は勝手に入っちゃいけない。非常に危険だ」

まあ、通訳してもらうと、そういう事を言ったらしいんです。

台湾に残された旧日本軍の壕。果たして入れるのだろうか？

辺りを見ると、ずらっと、壺が並んで置いてある。

要するに、そこにある骨は、無縁仏、なんですよねえ。お墓に入れたいんだけど、場所が無い。

で、旧日本軍が造った洞窟の所に、壺に入れて置いている。

地面には、お守りのようなものが、描かれている。

「う…凄いなあ、ここ」

もうねえ、凄い雰囲気なんですよねえ、凄い迫力でした。

で、私が、その霊能者に、

「大丈夫、私がいるから」

って言ってみたら、

「ああ、そうですか」

って。

「じゃあ、入ってみましょう」

中に入った。

明かりが無い。

しばらくく進むと、
バサッ
と音がする。

（ん？　何？）

バサッ、バサッ

（ん！）

バサッ、バサッ、バサッ、バサバサ！

こうもりなんです。

「うっお……！」

凄い数のこうもりがいるんです。

暗くて見えないから、手探りで進む。

ぐっと、曲がった。道は、まだ続いている。

そのうち、どこからか、風が流れて来た。音がしてる。

我々の、音じゃあない。

（横穴、から…？）

見ると、幅の狭い通路がそこにあった。

ひとりが、ライターのような物を出して、

「行ってみますか」

明かりで、照らしてくれた。

明かりを頼りに進むと、部屋があったんです。

そこねえ、通路じゃあない。部屋だったんです。

部屋は合計、三つある。
と、そこに入った瞬間、さっ…と、何かが通り抜けて行くような、気がした。
(ん？　ああ？　足音がする。足音？)
でもそれ、我々の足音じゃあないんだ。
私達が進んで行く、その進行方向の方から、足音が聞こえて来る。
狭い所を、こっちは一列になって歩いてる。私が先頭だ。
だから、その足音、どうやら、私にしか、聞こえていないらしい。
私は足音の方角に向かって進んだ。
そうしたら、行き止まりなんです。
「ええっ！」
と、そこの横の所に、何か空間がある。
明かりで照らしてもらうと、階段だ。
こんな所に、行き止まりだと思ってた先に、階段があった。
「うえぇぇ…！」
明かりはね、私の後ろから、照らしているんです。
その光をどうにか頼りに、また進んだ訳だ。
ざわざわ、ざわざわ　ざわざわ、ざわざわ
なにか聞こえる。人の話し声のような…何を言ってるのかは分からないけれど、何か人の話し声が聞こえて来る。

また少し進むと、階段がある。

私、そこでひと息ついて、ポラロイドを取り出して、一枚、そこで写真を撮った。

ガシャ
その先、何があるのかは分からない。

進めば、意外と外に出るのかもしれないなと思いつつ、進もうとした瞬間、カメラマンが、

「すいません！　もう駄目です！　駄目です！　ううっ……！　私も、もう……」

どうやらね、酸欠を起こしたらしい。

顔色が真っ青で、汗をびっしょりかいてる。

「じゃあ、帰ろうか」

そうしたら、待ってましたとばかりに、みんな、ダ――ッと、脱兎《だっと》のごとく走って戻る。

それまで私が先頭歩いてたんだから、今度は一番最後を歩いてる事になったんですね。

みんな、さっさと行っちゃった。明かり持った人だって、さっさと行っち

スタッフが引き返す中、自分は最後尾を歩いて行くと……

いんです。

みんな、もう姿が見えないぐらいまで、先に行っちゃってる。追い付けなやうし、危ない。暗い。

後ろは真っ暗なんです。自分の足音しか、聞こえない。

手探りで、私も歩いたんです、なるべく急いで。

(……ん？)

急な階段を、下りる音がする。

それ、私の足音じゃあない……それが、すぐ後ろで、聞こえて来る……

かっ、かっ、かっ、かっ、かっ
ぞぉおおぉぉぉっと、背筋が凍った。

誰もいないはずの狭い通路だ。

それが、すぐ後ろに、誰かいるんだ。

さすがに私も、焦った。

(急ごう。急がなきゃ)

真っ暗だから壁に手を付け、勢いで進もうとしたら、

(あっ！)

手が、何かに挟まった。

(ん！　抜けない？)

そんな筈はないんです、挟まってる。でも、挟まってるのに、痛くはない。違和感もない。

何かに、何者かの手に掴まれているような、感覚なんですね。

私、もう必死で、半ばやけくそで、

「えい!」

と手を引き抜いた。

で、走って、狭い通路を抜けて、曲がった所を通って、ようやくの事で表に、外に出られたんです。

みんな、もう外にいて、待ってた。

「うわぁ、えらい目にあった」

スタッフが、私のポラロイドを見ると、写真の真ん中に、大きな光の玉が写ってた。

「これ、こんなにはっきりと……」

「本当だ……」

そうしたら、

「稲川さん!」

スタッフが叫んだんです。

「稲川さん!」

「ん？　何？」

「それ！」

「えっ？」

「それ！」

スタッフが指差した私の手首。

私、見たんですよ、自分の手を。

それがね、私の手、大きく、腫れ上がってたんだ。

「どうしたんですか！」

「いや……これは」

なんとねえ、爪のような、痕がある。

誰かが、私の手を引っ掻いた？　でも、私の後ろには、誰もいなかった！

でも、私の後ろの誰かが、引っ掻いてたんだ！

で、その後、もう一か所、行く事になったんですが、それが昔の日本人街だったんです。

八十年ほど昔の街の跡…らしい。

そこはもう、鬱蒼《うっそう》たるジャングルなんだ。

ツタが絡んでいるけど、よく見ると下には塀があって、レンガのようなものを積んだ塀で、ずっと先に続いている。

街中に樹木がいっぱい生えているんだけれど、普通のジャングルとは違うんだ。

旧日本人の家で、住まなくなって、ほったらかしにされて、廃屋となった所に、草や木が生えてきて、それが覆っている訳だ。

だから、密林になっている。

奇妙な事に、密林の中に、襖があったり、障子が見えたり、床の間があったりする、妙な世界なんですよ。

「稲川さん、ここ危ないよ」

「ああ……」

私にも、それは判っていました。

そうしたら、スタッフの女性が、私のズボンをいきなり触るんだ。

「ん?」

「大丈夫ですか?　稲川さん。ケガしてません?」

「えっ?　何だい?」

「血が滲《にじ》んでますよ」

「えっ!」

見ると、血なんか滲んでいない。

おかしい事に彼女は、

「血が付いてる。血が滲んでる」

って言うんだけれども、私には見えない訳だ。何かおかしいんです。

そのうち、一軒の白い家の前に出た。

ここは、どうやら、日本のとある会社が、寮に使っていた所らしい。

そこの門から、中に入っていった。

家の戸も開いていたから。入ったんですが、手前に、部屋があるんだけど、その部屋から、別の部屋には入れない。

そこで家の外に回ってみると、もうひとつ、出入り口があった。

また別の門を開けて中に入った。

部屋がある。

こっちも、そっから先へは行けない。

ひとつの大きな建物にはなってるんだけれども、どこかの部屋に入ると、そっから先の別の部屋には、前に進めないんだ。

で、調べてみて判ったんですが、この建物、どこの部分にも、外からしか入れないようになってるんですよ。

風呂場も、トイレも、キッチンへも、外からしか入れない。ひとつの部屋に入ってみると、やっぱりすぐに行き止まり。

で、そこに、鉄格子がある。

「何だ、こりゃ・・・」

だんだん気味悪くなってきた。

「二階、二階は、どうなってる?」

「稲川さん、中に階段、見えませんよね」

家の中に階段が無いんです。

二階へ行く階段が外にある。

私、外階段を上がって行ったんですが、下が急に騒がしくなった。

「どうした!」

物凄くざわついているんです。

私、危険を感じてすぐ下に下りた。

「どうした?」

そうしたら、先ほど私のズボン、はたいてくれた女性スタッフが泣いているんですよ。真っ青な顔して、泣いている。

どうしたのか聞いてみると、私が建物の中に入ったんで、彼女、外から、二階を見上げてたんですね。

で、窓の所の擦《す》りガラスに、人が映ったんで、

「ああ、稲川さんだ」

と思った。

その人がだんだん擦りガラスに近付いて行った。

そうしたら、それ、女性だったらしいんですね。

彼女、びっくりして、その事を他のスタッフに告げたんですよ。

すると照明スタッフが、

「明かりで照らしてみよう」

言ったけど、

「まずいよ、それは」

ってみんなで止めたんだ。

で、その時に、また、

「あっ！」

女性が、二階の窓ガラスの、擦りガラスの所に現れた。

でね、その女性、口を動かして、何かを「言った」って言うんです。

勿論ねえ、この建物の二階に上がったのは、私だけだったんですよねえ。

ね、だからあり得ないんだ、二階に〝女性〟がいる事なんて。

そうしたら、台湾の霊能者の方が、

「稲川さん、誠に申し訳ないんですが」

「何です？」

「誠に申し訳ないんですが、連れて帰ってくれませんか」

すりガラスに映った人影。その正体は？

「えっ！」

「日本に連れて帰ってもらえませんか」

「何を？　誰を？」

「霊を」

って言うんです。

二十歳ぐらいのお嬢さんと、そのお婆ちゃんが、あそこに〝いる〟からって。

「ええっ！」

ってねえ。

でも、日本まで飛行機で帰って、空港に着いたら、後は良いって言うんで、じゃあ、良いですよとなった。

で、台湾の霊能者や、テレビ局の人と別れて、車で、帰る時ですよ……うちの、スタッフひとりが、ヤケド。

カメラ、全部壊れちゃったんですけどねえ、原因が分からない。倒れた者もいた。

飛行機に乗って帰ったんです。

それからがねえ、事故続きでした。

一緒に台湾ロケに行ったカメラマンが、

「稲川さん、何か連れて帰ってるでしょ？」

って。

「おいおい、変な事言うなよ」

注意すると、

「いやねえ、さっきから稲川さんにカメラ向けると、後ろからこづかれるんですよねえ」

って言うんです。

「ええっ？」

そうしたら、アシスタントの女の子も、

「稲川さん、実は……」

「どうした？」

「実は、私も、さっきから三回ぐらい、後ろから髪の毛を何かに引っ張られたんですけど………」

って言うんだ。

この私自身が、台湾から帰って来てずっと熱、出してたんですからねえ。でねえ、極めつけだったのは、台湾から帰って来て、荷物、整理してて、あの、洞窟の所で履いていたサンダルが出てきた。そのサンダルに、土が、付いてたんです。

あの、洞窟の所の、土でしょ？　だから、洗って、それを棚の上に上げよ

うとした瞬間、

「ぎゃっ！」

ぎっくり腰ですよ。

即入院になっちゃいました。

ねえ、あるんですよねえ。

偶然だと言えばそうなのかもしれないけど、ねえ。

でも、この体験を通じて、台湾という所には、今でもそういう所がちゃんと残って、生きている所なんだなと、そう思ったんですよねえ、私は。

本書に掲載された写真は
本文と直接関係ありません（編集部）

◆稲川淳二公式サイト◆

<PCサイト> https://j-inagawa.com/

［リイド文庫］

真説 稲川淳二のすご〜く恐い話

事故物件

2022年7月21日　初版第1刷発行

著　者　稲川淳二　©2022 JUNJI INAGAWA

発行人　齊藤人志

発行所　株式会社リイド社

〒166-8560 東京都杉並区高円寺北2-3-2

☎03-5373-7001（代）

印刷　大日本印刷株式会社

製本　安藤製本株式会社

ISBN978-4-8458-6130-9

リイド社ホームページ https://www.leed.co.jp